中小学数学课程国际比较研究丛书

顾　问　　史宁中　　宋乃庆

主　编　　曹一鸣

学术委员会（按姓氏拼音或字母排序）

鲍建生　　戴维·克拉克（David Clarke）［澳］
代　钦　　保罗·科布（Paul Cobb）［美］
李忠如　　若尔特·拉维查（Zsolt Lavicza）［英］
王光明　　弗里肖夫·萨尔斯特伦（Fritjof Sahlström）［芬］
　　　　　铃木正彦（Suzuki Masahiko）［日］

编委会（按姓氏拼音排序）

康玥媛　　李欣莲　　马迎秋　　邵珍红　　王建波
吴立宝　　严　虹　　于国文　　张玉环

Mathematics

中小学数学课程
国际比较研究丛书

中美高质量课堂中数学任务的比较研究

ZHONGMEI GAOZHILIANG KETANG ZHONG SHUXUE RENWU DE
BIJIAO YANJIU

曹一鸣 /丛书主编

邵珍红 /著

上海教育出版社
SHANGHAI EDUCATIONAL
PUBLISHING HOUSE

丛书序

经济的发展,社会的进步,越来越依赖于科学技术,而人力资源已成为其中的决定性因素,教育受到重视应该是一个必然的结果。应对时代发展的需求,世界各国从不同层面上加大了投入,开展教育改革。教育部在全国基础教育课程改革实验工作会议中指出"综观中外教育改革,无不把课程改革放在突出位置,把课程作为提高人才培养质量的关键来加以改革和建设"。

数学学科一直是各国基础教育课程中的核心学科,也是各国历次课程改革的重心。进入 21 世纪,诸多国家纷纷出台全国性的数学课程标准或国家层面的课程改革政策文件。我国教育部于 2001 年 7 月,颁布了《全日制义务教育数学课程标准(实验稿)》,2003 年 3 月颁布了《普通高中数学课程标准(实验)》,2011 年 12 月颁布了《义务教育数学课程标准(2011 年版)》,目前全国普通高中数学课程标准也正在修订之中。

美国相继出台了有关基础教育课程改革的一系列法案政策。早在 1989 年,美国科学促进会就出台了面向 21 世纪的基础教育改革计划——《普及科学——美国2061 计划》。以乔治·布什为领导的共和党政府于 1991 年签发了指导美国基础教育改革的纲领性文件《美国 2000 年:教育战略》。以克林顿为领导的民主党政府 1994 年签署了《2000 年目标:美国教育法》以及 1997 年的国情咨文。2001 年,小布什政府制定了《不让一个孩子掉队》(No Child Left Behind,简称 NCLB)的教育改革计划。这些政策文件都反映基础教育课程改革在美国的重要程度。2000年,由全美数学教师协会(National Council of Teachers of Mathematics,简称NCTM)颁布了准备十年之久的《数学课程标准》,并向全国推荐实施。2009 年 7月,奥巴马政府制定了"力争上游"(Race-to-the-top)项目,以促进各州的基础教育课程改革,其中一项内容就是各州联合制定并使用统一的 K‐12 标准和相应的学业评价标准。2010 年 6 月,全美州长协会(National Governors Association,简称

NGA)与美国各州首席学校官员理事会(The Council of Chief State School Officers,简称 CCSSO)联合推出了《共同核心州数学课程标准》(Common Core State Standards for Mathematics)。英国在 1989 年形成全国统一的国家数学课程,1991 年和 1995 年进行了第一次和第二次修订。1997 年,布莱尔政府强调"教育、教育还是教育"是政府工作重心之一,对课程进行了改革。1999 年和 2007 年(仅限中学)又进行了第三次和第四次修订,并于 2011 年启动第五次修订。1999 年,英国课程与资格局修订并颁布了《英国国家课程标准》。2005 年、2006 年英国又相继颁布了《小学、初中英国国家课程标准》及《高中英国国家课程标准》,2013 年和 2014 年分别颁发了《2014 国家数学课程》的义务教育阶段和高中教育阶段的版本。澳大利亚也于 2010 年颁布了澳大利亚《全国统一数学课程标准》,并已于 2011 年开始推广,这也是澳大利亚第一个全国性的课程标准,并且逐步编制与课程标准相配套的教材。

21 世纪初启动的数学课程改革,至今已有十多年,新一轮的数学课程改革也已经拉开帷幕。当今社会,对公民数学素养的要求越来越高,越来越多样化,数学课程的改革面临着从数学内容的选择到呈现方式、教学方式、评价标准等多方面的改革,视角的不同往往会得出不同的结论,因此改革必须谨慎,必须从多种不同的视角展开深入的研究。纵观国际课程改革历史与经验教训,一个现实问题是改革作为对现实的改进和对理想的追求,其本身并不一定必然导致进步,世界诸国在面对每一次教育与课程发展中的"问题"或"不适"进行改革时,总是成功与失败并存,当人们满怀激情地解决了一些问题的同时,新的问题又产生了,有时甚至一些理想中改革的"亮点",最终却成为最大的败笔。

因此,在研制课程改革方案以前,应做大量的研究工作,既要广泛听取数学家的意见,又要大量吸收数学教育专家的研究成果以及一线教师、教研员宝贵的实践经验。既要研究我国自身数学课程改革的历史和特点,又要深入研究国际数学课程发展,了解世界各国数学课程的变化、最新进展,以国际的视野,通过对比来审视本国的数学课程,传承本国数学课程中所特有的优良传统,紧随 21 世纪信息科技型社会的发展步伐,与时俱进地发展、更新知识,提出新要求。

自 2006 年起,我们从学习者的视角来进行中学数学课堂教学微观分析,系统地开始数学教育的国际比较研究。2011 年,在相关国际合作研究的基础上,选择了亚洲的日本、韩国与新加坡,欧洲的英国、法国、德国、俄罗斯、芬兰与荷兰,美洲的美国与加拿大,大洋洲的澳大利亚,非洲的南非等十三个国家的数学课程标准进行研究。相继出版了《十三国数学课程标准评介(小学、初中卷)》和《十三国数学课程标准评介(高中卷)》,成功申报教育部人文社会科学基金规划项目"高中数学课程标准的国际比较研究"以及国家哲学社会科学基金"十二五"规划 2012 年教育学重点课题"中小学理科教材国际比较研究(初中数学)",开展对中国、美国、澳大利亚、英国、法国、德国、俄罗斯、日本、韩国、新加坡等国数学教材的国际比较研究。为此,国际研究的视角从开始的数学课堂教学比较,逐步延伸到数学课程标准、数学教材、数学学业评价等方面。

通过以上诸项目的研究,进一步加强了与国际数学教育研究者的联系,与美国范德堡大学、澳大利亚墨尔本大学、英国剑桥大学、英国国王学院建立实质性的合作研究,成功联合申报一系列国际合作研究项目。研究团队分别在《教育研究》《中国教育学刊》《比较教育研究》《课程·教材·教法》《外国中小学教育》《教育科学研究》《数学教育学报》《数学通报》等杂志上发表了一系列相关研究论文,多位博士研究生基于比较的视角,从数学课程标准、数学教材、数学教学等方面开展了国际比较的研究,完成学位论文。我们一直有一个想法,希望能够整体发布、出版。2015年下半年,上海教育出版社刘祖希编辑来北京师范大学和我探讨、交流数学教育研究发展问题,他主动提到上海教育出版社愿为数学教育界青年学者的成长提供支持,可以以我们团队的研究为基础,同时关注到国内其他青年学者,联合全国数学教育研究会,开展优秀博士论文评选资助出版,计划在"十三五"(2016—2020)期间陆续出版 10 册左右的中小学数学课程标准、教材、课堂教学的国际比较研究著作,这一想法很快得到了上海教育出版社王耀东副总编的大力支持,列入资助出版计划。

本选题作为国内第一套较为系统的数学课程领域国际比较研究丛书,其意义在于能对国内数学课程改革、国际数学课程比较研究、数学课程理论学科发展这三个方面起到推进作用。

1. 推动我国数学课程改革的理论研究和实践探索

课程标准成为指导教材编写、教师教学、学生考试评价等工作的重要依据。课程标准的出现及修订直接牵动着课程改革的方方面面,进而影响着整个基础教育改革。因此,课程标准有着举足轻重的作用,对课程标准的研究还需要进一步的探索。关于数学课程标准的比较研究,旨在为基础教育数学职前教师、一线教师、在职培训教师、学校和地方的数学课程和教学负责人、教研员、教师教育的培训者、课程标准和教材的决策者和制定者,以及广大关注国际数学教育、关注数学课程改革的数学家、数学教育家、数学教育研究人员提供广阔的国际视野,了解更多国家的数学课程内容;同时,也为我国进一步发展和完善数学课程标准提供重要的参考和

借鉴价值,服务于我国的基础教育课程改革实践,进一步推动课程改革的理论研究和实践探索,为我国数学课程改革铺路架桥。

2. 立足本土、借鉴国际

在课程改革理论研究和实践探索的过程中,离不开借鉴别国的经验。其他国家在数学课程变迁中积累的经验、制胜的优势和存在的问题都是在课程改革的过程中沉淀的宝贵财富,无疑对我国的数学课程改革大有裨益,值得我们扬长避短、学习借鉴。本研究旨在用国际的视野看各国的数学课程,以全球的意识思考我国的数学课程,立足本土、借鉴国际,继承与发展我国数学课程。

3. 探寻国际中小学数学课程标准的异同

研究数学课程标准国际比较,是为了通过国际比较,揭示当前世界中小学数学课程标准中存在的一些共性与差异,借鉴别国的课程改革经验,取他人之长,促进我国的课程改革与发展;认识各国数学课程之间的普遍联系与差异,揭示隐藏在课程内部的本质性规律;促进国际数学课程的比较研究,加深各国之间的理解和交流,推动我国数学教育研究的发展。

该套丛书的出版希望能够为有志于研习数学教育理论,全面提高数学教学、科研水平、拓展国际视野的中小学教师、教研员、本科生、研究生提供有力的帮助。

北京师范大学数学科学学院教授
全国数学教育研究会理事长
2016 年 6 月

前　言

　　本书研究旨在比较中美相对高质量的常规课堂教学中的数学任务的异同。中国的研究样本来自 2011 年和 2012 年录制的位于东西南北中的五个城市中某一学区的数学课堂,采用专家评议法和课堂评价指标评价相结合的方法选取相对高质量的 15 位教师的共 15 节数学课堂录像;美国的研究样本来自 2011 年录制的四个城市学区的数学课堂,运用范德堡大学项目组的数学课堂评价指标编码结果,选取 15 位教师共 15 节相对高质量的数学课堂录像。主要从数学课堂中使用的数学任务的特征("实际生活"背景知识使用、任务的表现形式、任务的认知水平)及差异,基于任务的数学课堂结构特征及差异,任务实施中认知水平的变化及其变化因素差异,任务实施中师生对课堂交流的责任等四个方面比较研究。

　　本书研究采用定性和定量相结合的研究方法,具体有文献研究法、比较研究法、个案研究法、视频编码分析法、课堂录像观察法、统计分析法等,基于本书研究的研究问题及研究对象,运用视频编码分析法和课堂录像观察法比较多。研究过程主要基于数学任务在课堂中的实施过程这条主线,以在课堂教学实施过程中学生思维的参与度即认知水平的变化为研究理念,从课堂中数学任务本身是否给学生提供了思维深度参与的机会,任务实施过程中任务认知水平的变化及其因素,以及师生对课堂数学交流的责任等几个方面比较研究,旨在从学生思维参与度的视角分析中美高质量课堂教学的异同、特点等。

　　主要的研究结果:

　　(1) 高质量课堂中的数学任务

　　中国课堂录像样本中数学任务的数量是美国课堂录像样本中的三倍多,中国课堂平均每节课有 8.6 个数学任务,美国课堂每节课平均有 2.6 个数学任务。而且中国课堂上 84.5% 的数学任务是"传统数学",美国课堂上 43.6% 的数学任务是"数学应用于生活",17.5% 的数学任务是"生活中的数学"。中国课堂的 8 个"数学应

用于生活"的数学任务中有 5 个充当"课堂引入"或者课堂中的"知识点引入"的角色,而美国课堂中的大部分"数学应用于生活"的数学任务是学习任务,让学生从解决实际生活的问题中学习和练习知识点。

从任务的表现形式上看,中国课堂上练习任务占 46.5%,学习任务占 36.4%;而美国课堂中的学习任务占据比例最大(56.4%);从认知水平上看,中美两国课堂的学习任务大部分均是由高认知水平组成的,但中国课堂练习任务的认知水平相对学习任务而言比较低。

(2) 高质量课堂的课堂结构

中国课堂中占据时间最长的是全班讨论总结环节,美国课堂中占据主要部分的是任务探索环节。在任务探索的形式上,美国教师经常选用小组合作的形式,而中国教师则选择个人思考、小组合作、师生共同三种形式,特别地,师生共同探索形式在中国的课堂中占据重要位置。比较两国课堂教学开始阶段,美国课堂的热身和中国课堂的复习旧知识环节有一定的相似之处。

(3) 任务实施中认知水平的变化及因素

从课堂中高水平认知要求(水平 3 和水平 4)的数学任务实施中的认知水平变化情况来看,中美课堂中数学任务认知要求水平的变化情况基本相当,大部分的数学任务在实施过程中降低了认知要求。

中国课堂中任务认知水平降低的首要因素为数学任务在课堂中出现的位置(D1),共有 40 个数学任务在实施过程中因为 D1 因素降低了认知要求,特别地,有 35 个练习任务受 D1 因素影响降低了认知要求。美国课堂中任务认知水平降低的首要因素为课堂管理方面的问题(D10),共有 15 个数学任务在实施中因为 D10 因素降低了认知要求。

中国课堂中维持任务认知水平的主要因素为教师通过提问、评价、鼓励及反馈等方式促使学生判断、解释和推理(M3);美国课堂中维持任务认知水平的主要因素为给学生适当的时间去探索任务(M5)。

影响中国课堂任务认知水平升高的主要因素是在任务没有要求的情况下,教师在任务实施的过程中要求学生提供证据或者解释说明(I2)。影响美国课堂任务认知水平升高的唯一因素为教师在任务解决后又提出新的问题来强调这一任务(I1)。

影响中美课堂中学习任务认知水平变化的因素有很大差异。影响中国课堂学习任务认知水平降低的主要因素是教师"接管"学生的思考和推理(D3)及教师将任务的解决方法程序化(D8);影响美国课堂学习任务认知水平降低的主要因素是教师"接管"学生的思考和推理(D3)及课堂管理方面的问题(D10);影响中国课堂学习任务维持认知水平的主要因素是教师通过提问、评价、鼓励及反馈等方式促使学生判断、解释和推理(M3)及有能力的学生提供高水平的示范模式(M8);影响美国课堂学习任务维持认知水平的主要因素是给学生适当的时间去探索任务(M5)及教师给学生的思维和推理提供脚手架(M2)。

中美课堂中练习任务认知水平的变化因素有很大差异。中国课堂中练习任务影响认知水平升高的主要因素为在任务没有要求的情况下,教师在任务实施的过程中要求学生提供证据或者解释说明(I2),美国课堂没有认知水平升高的情况。数学任务在课堂中出现的位置(D1)和课堂管理方面的问题(D10)是影响美国课堂中练习任务认知水平降低的主要因素,分别占 30%左右;数学任务在课堂中出现的位置(D1)是影响中国课堂中练习任务认知水平降低的主要因素,占总体的 60%多。影响中国课堂练习任务维持认知水平的主要因素是教师通过提问、评价、鼓励及反馈等方式促使学生判断、解释和推理(M3),约占 62%;影响美国课堂练习任务维持认知水平的主要因素是给学生适当的时间去探索任务(M5),约占 50%。

（4）任务实施中师生对课堂数学交流的责任

中国教师在课堂中对学习共同体建立的贡献明显高于美国教师,中国学生的贡献也明显高于美国学生。但在师生对促进严谨性思维的贡献上,中国教师和美国教师有差异及中国学生和美国学生有差异,但在统计意义上不显著。

根据研究结论,针对中国日常课堂教学中存在的一些问题提出建议:课堂教学适当减少低水平认知要求的数学任务的投入;将课堂教学中的情境真正用到数学教学中;课堂教学中给学生留出足够的时间和空间思考和发现;深入使用小组合作交流探究学习方式;减少教师"分析问题"阶段;减少教师总结强调阶段。希望这些实证的研究结果能对中国数学课堂教学质量的提高有一定的作用。

目 录

第一章／绪　　论

百年大计,教育为本。教育的根本任务是立德树人,教育的最终目的是将学生培养成德、智、体、美全面发展的社会主义事业的建设者和接班人[1]。基础教育阶段是学生成长发展的重要阶段,肩负着教育的重任。数学是基础教育阶段最为重要的学科之一,相应地,通过基础教育阶段的数学教学,要培养和发展学生的数学核心素养。

暂且不讨论数学核心素养的名词的具体界定,先谈在数学学科的教学过程中,如何培养学生的核心素养。要想培养学生在数学学科方面的核心素养,需要学生经过真正意义上的数学学习,亲身经历数学化的过程[2]。再谈培养场所,虽然学生需要在家里花时间完成家庭作业,但课堂教学是培养和发展学生核心素养的一个最重要的平台,学生的获取新知识的学习大部分是在课堂上,所以课堂教学对培养和发展学生的核心素养有着重要的作用。因而要分析和研究课堂教学的优势和不足,看哪些优势有利于促进学生的学习,发扬优势,改进不足。

课堂教学研究是数学教育研究中的一个重要领域。课堂教学是学校教育模式的重要组成部分,是学生学习与发展的一个重要方式,教师在数学学科教学中对学生形成核心素养起着一定的作用,合理的教学活动的设计和实施能促进学生自己独立思考或者跟他人合作交流,以及自己和他人的讨论和反思,进而让学生在数学学习的过程中掌握数学知识的本质,并能感悟知识所蕴含的数学基本思想,积累数学活动经验,促进学生的数学核心素养的形成和发展[3]。

理论研究来自实践问题,反过来再对实践活动进行指导,两者相得益彰。改进教学实践是数学教育研究的主要目的,追求高质量课堂教学实践是数学教育研究的原动力。选择恰当的教学内容及恰当的课程实施方式是课堂教学实践的一个基本问题。因此,高质量数学课堂教学实践研究对数学教育理论研究及课堂教学实践指导有着重要的意义。

第一节 研究背景

一、课堂教学的研究

潜入海底,可证龙宫之虚;登上月球,更信玉兔之无。要弄清楚中国数学课堂教学现状,必须深入到数学教学的一线课堂中去。课堂教学既是学校教育育人模式系统的重要组成部分又占据主体地位,课堂教学的实证研究可以暴露课堂教学现状,把握数学教学规律,揭示课堂教学的基本特征。在课堂教学过程中,通过对课程内容的选择与实施,探索和发展学生各方面的能力,特别是学习、实践、创新等方面的能力,促进学生的全面发展[4]。

形成和发展学生的核心素养,是数学教育的最终目标,那么设计和实施合适的教学设计就显得尤为重要。课堂教学设计要为学生的成长和发展提供平台,不能只是学习基础知识和基本技能,要在数学教学的过程中给学生提供独立思考的平台,提供和别人沟通、讨论、反思的平台,让学生养成良好的思维习惯,完成真正的数学学习,经历数学化的过程,自己真正地感悟出蕴含的数学基本思想,积累数学思维和实践的经验,形成和发展学生的数学学科素养。

课堂教学可以看作是师生人生中的一段重要生命经历,课堂教学的质量,直接影响着学生当前及其今后的多方面发展和成长,也直接影响着教师对职业的感受、态度及教师的专业发展水平,课堂教学对于个体具有生命价值[5];让课堂成为学生思想活跃、情感交流、展示自我的场所是目前人们追求的目标之一[6]。同时,丰富多彩的课堂教学实践给数学教育理论的研究提供源泉,只有在真实情境中研究课堂教学,直面课堂实践,才能敏锐把握课堂实际问题。通过对实践经验的理论提炼分析,超越经验与实践,促进教育理论的发展[7]。

数学课堂教学是一个复杂的过程,关注日常数学课堂教学研究是数学教育研究的生命线,用科学的研究范式研究课堂教学能为提高数学课堂教学质量提供一些实证依据。

二、高质量的数学课堂教学的研究

追求高质量的数学课堂教学是提高教育质量的关键,因为学生的大部分学习时间都在课堂教学上;追求高质量的数学课堂教学也是课堂教学研究的原动力[8-9]。日常课堂教学的研究很重要,高质量的日常课堂教学的研究更有意义。

反过来,研究高质量的课堂教学实践可以洞察高质量课堂教学的本质,追求高质量的教学策略,借鉴高质量课堂教学的优点,反思课堂教学中存在的不足,提高教学质量。特别是对高质量的日常课堂教学的研究,可能更具有改进现实的意义[10]。虽然"教无定法",但分析研究高质量课堂教学,了解高质量课堂教学的特征属性,能为教师提升自己的课堂教学质量提供一个依据,再根据真实的课堂教学情景融会贯通,提高学生课堂学习的积极性,培养学生的学习兴趣,提高课堂教学的质量。

三、课堂中的数学任务是高质量课堂教学的前提

数学教学活动是在"教师的教导"与"学生的学习"两者之间展开的,这两种行为的共同目的是实现课程的总体目标,这两种行为的对象即是数学教学内容[11]。数学教学内容由数学任务组成,世界上很多学者对于数学任务作了很多的研究。有学者发现有价值的数学任务可以发展学生的数学思维,提高学生理解数学的能力;有价值的数学任务能激发学生的创造性思维,给学生提供数学学习的机会;有价值的数学任务是保证高质量教学的前提[12]。选择恰当的数学任务及合适的教学方式传授给相应年龄阶段的学生是非常重要的[10]。

选择什么样的教学内容,决定着学生学习到什么样的数学知识,选择什么样的数学任务,影响着课堂教学的方式和方法。数学任务适合学生,学生接受知识更容易,太易或者太难都提不起学生学习兴趣,课堂学习效率低。所以,研究课堂中的数学任务特征,可以给高质量的课堂教学提供强有力的保障。

四、关注中美差异

从学生学业成就评价的角度看,在各种国际测试或者比赛中,中国学生的成绩优异。比如,国际数学奥林匹克竞赛,中国队一贯名列前茅;2012 年中国上海学生参加国际学生评估项目(Program for International Student Assessment,简称 PISA)测试,结果显示上海学生的数学表现达到了顶级水平[13]。

有很多研究者从教师知识、教师的教学信念、教师的教学表征、学生的数学问题解决等方面对中美数学教育方面的差异作了一些研究,主要运用问卷调查法或者访谈法。研究的结果表明,中国学生的基础知识比美国学生的基础知识掌握牢

固,而且解决常规问题的能力也比美国学生高,但在一些开放题的解答上却低于美国学生[14-16]。中国数学教育以注重"双基"的培养而著称,强调知识的"数学化、严密性、系统化";美国的数学教育以问题解决为中心,注重活动学习,注重数学与实际生活的联系[17]。

关注现实的数学课堂教学是数学教育研究发展的生命线,以实际课堂为比较对象的研究主要有国际数学和科学趋势研究(The Trends in International Mathematics and Science Study,简称 TIMSS)和学习者视角(The Learner's Perspective Study,简称 LPS)的课堂录像研究,但这些研究中的数据采集在中国基础教育课程改革之前,而且 TIMSS 的课堂录像中仅有中国香港,LPS 中除了中国香港、中国台湾外,还有中国上海,但由于其项目设计及研究问题的不同,两个项目的研究结果不能代表中国整体情况,特别是课程改革后的日常的数学课堂教学。中国基础教育课程改革十年之后,课堂发生了翻天覆地的变化[18-19]。美国发起了以提高教育质量为目的的基础教育改革运动,而且美国的数学教育研究者也对课堂教学进行研究,部分学者认为课堂教学要经常给学生提供机会去解决一些富有挑战性的数学任务,来锻炼他们的数学推理能力,联结学生的数学想法和数学表征[20]。从教育理念上,中美似乎有不断靠近的趋势。像中国《义务教育数学课程标准(2011 年版)》的基本理念之一:"人人都能获得良好的数学教育,不同的人在数学上得到不同的发展。"美国 2001 年颁布了《不让一个孩子掉队》(No Child Left Behind,简称 NCLB),2000 年美国数学课程标准中有"对所有学生都有高标准的要求及提供均等的机会",2014 年全美数学教师协会发布《行动原则:确保所有学生数学成功》的数学课程标准,这些理念都致力于追求卓越的教育,确保所有的学生拥有平等的受教育的权利。虽然课堂教学是一种带有文化特色的活动,但数学内容本身又有相对的一致性,这给研究者研究数学课堂教学对比提供了极高的方便,而且使跨国对比研究变得更有意义。

中国获诺贝尔奖的人数不多,有学者认为是教育体制、机制的问题[21]。或许可以从课堂教学实践中寻找出部分答案。

中美课堂的侧重点不同,但课堂教学的主要目的都是为了学生全面发展,培养和发展学生的核心素养。因为学生知识的获得与学生的先验知识等各方面有关系,所以不能直接去计算学生从某节课上获得的知识,但可以比较课堂上提供给学生学习的机会的多少,并假设课堂上给学生学习的机会多,学生学到的知识就多。

中美数学课堂上给学生思考的机会有什么不同?在课堂教学实施的过程中,学生学习的机会或者思考的机会是否变化,变化的因素有何不同?教师和学生在教学实施的过程中对学生学习机会变化有着怎么样不同的贡献?

第二节　研究问题

　　基于以上研究背景,研究重点关注课堂中数学任务本身是否给学生提供了学习和思考的机会,在课堂教学过程中,哪些因素影响了学生学习和思考的机会,以此比较中美课堂教学的差异。以中美两国的实际数学课堂录像为研究对象,各自选取质量比较高的 15 节课堂录像,从下面四个方面比较研究:① 数学课堂中使用的数学任务的特征("实际生活"背景知识使用、任务的表现形式、任务的认知水平),② 基于任务的数学课堂结构特征及差异,③ 任务实施中认知水平的变化及其变化因素差异,④ 任务实施中师生对课堂交流的责任。并利用设计的量表对所有的数学课堂录像作编码量化的比较研究。

　　研究的主要目的是比较中国和美国高质量的常态数学课堂的共同点及不同点,各自的优点及缺点,为我国的数学课堂质量的提升提供有价值的参考。现将具体的研究问题分解为如下 4 个问题:

问题 1　中美高质量课堂中数学任务的特征的异同

问题 1 分解为:

1. 中美数学课堂中任务的"实际生活"背景知识使用的异同;
2. 中美数学课堂中任务的表现形式的异同;
3. 中美数学课堂中任务的认知水平的异同。

问题 2　基于任务实施的中美高质量课堂结构的异同

问题 2 分解为:

1. 基于任务实施的中美高质量课堂整体结构的异同;
2. 中美高质量课堂任务实施阶段的异同。

问题 3　中美高质量课堂中数学任务的实施中任务认知水平的变化及变化因素的异同

问题 3 分解为:

1. 中美高质量课堂中任务认知水平变化的异同;

2. 中美高质量课堂中任务认知水平降低因素的异同；

3. 中美高质量课堂中任务认知水平维持因素的异同；

4. 中美高质量课堂中任务认知水平升高因素的异同。

问题 4　中美高质量课堂中任务实施过程中师生对课堂交流责任的异同

问题 4 分解为：

1. 中美高质量课堂中任务实施过程中师生对学习共同体建立贡献的异同；

2. 中美高质量课堂中任务实施过程中师生对高效交流的贡献的异同。

第三节　研究意义

在课堂教学研究的领域，中美两国的对比研究比较多，但采用两个国家的常态课作为研究对象的对比研究还比较欠缺，而且将中国五个地区和美国四个州的高质量的常态数学课堂的对比研究还没有。课堂教学实践的研究不仅要分析探索实践，而且要为数学教育的理论研究添砖增瓦，理论研究和实践探索相得益彰，理论问题是从实践中来，并用来指导实践[10]。

一、提高课堂教学质量

本书的研究对象是高质量的课堂教学，旨在分析发现高质量的课堂教学的优点，设计好的教学方案，特别是选择有价值的数学任务，给高质量的课堂教学提供基础的保障。在课堂实施的过程中，选择合适的教学方式和方法，促进学生真正参与，提高课堂教学质量。

课堂教学是一种带有文化色彩的活动，它每天都在中国的各个角落发生。教师成长在一个特殊的文化氛围中，随着时间的推移，一代一代的学生变成下一代的教师，他们从教师的教学中学到了方法，这样的传承模式，发展了自己国家所特有并广泛共享的教学模式。人们便会自然而然地把这种教学模式认为是自然的教学方式，很难注意到它的共同特征[22-24]。尽管在一个国家存在多种形式的课堂教学模式[25]，但观察不同文化氛围下课堂教学，通过比较，结合精心设计的后续研究，可以发现异同，更有利于看清自己的教学实践，进而反思和改进，提高课堂教学质量。

二、促进教师的专业发展

数学教师具有受过良好教育成人所具备的一般内容知识,这是他们实施课程教学的基础,数学教师还要具备数学教学知识。从部分对教师数学教学知识的研究中发现,教师的数学教学知识与课堂教学质量是正相关关系,数学教师的教学知识主要来源于自己琢磨反思和与同伴之间的交流等[26-27]。

本书是对数学课堂教学的实证研究,帮助教师透视课堂教学实践,反思教学,改进课堂教学实践,从而提升教师课堂教学能力,积累学生与内容相关的知识、教学与内容相关的知识等,提高教师的数学教学知识的整体水平,促进教师的专业发展。

另外,本书是对高质量的数学课堂教学的实证研究,高质量课堂中的教学案例或者成功方法值得教师借鉴模仿,进而丰富自己的教学,提高教学质量的同时,促进教师专业发展。

三、培养学生的核心素养

为了更好地了解学生的学习,进而提高学生的学习成绩,就必须关注课堂教学。尽管课堂教学行为与学生的学业成绩之间的关系是复杂的,但课堂教学行为在一定程度上会使学生的学习成绩有所不同。课堂教学的研究在一定程度上刺激了关于提高学生课堂学习机会方法的研究,而且对于政策制定者而言是必经的一个通道,大部分教育政策制定的目的是提高课堂的教学质量及教师的课堂教学水平,有利于学生获得基础知识、基本技能、基本思想、基本活动经验,促进学生主动地、富有个性地学习数学,提高学生发现问题、分析问题、解决问题的能力,促进学生的全面发展。

课堂教学中,合理的教学设计和恰当的教学活动的实施,能让学生在数学学习的过程中掌握数学知识的本质,感悟蕴含在数学知识内的数学基本思想,积累数学活动经验,形成和发展数学核心素养。

四、为数学课程改革提供实证研究证据

教育部从 2001 年开始启动了我国基础教育课程改革,同年公布《全日制义务

教育数学课程标准（实验稿）》，2005 年启动课程标准的修订工作，并在 2011 年 12 月颁布了《义务教育数学课程标准（2011 年版）》[28]。

2010 年的基础教育数学课程改革在教育理念、课程目标、内容方法、评价目标与方法等方面都作了很大的改变。教育理念由"知识为本"向"育人为本"转变，课程目标由"双基"（基础知识、基本技能）向获得适应社会生活和进一步发展所必需的数学的"四基"（基础知识、基本技能、基本思想、基本活动经验）转变，更加重视学生能力的培养和素养的提高，内容方法由单一的"结果性"向"结果性和过程性"转变，与之对应的评价目标与方法也由"单一性评价方法"向"多元性评价方法"转变，评价方式的多样化，评价主体及呈现和可利用的评价结果也多样化[11]。

基础教育的改革和发展具有针对性、科学性和前瞻性，其变革需要有基础性的研究作为依托。比如，《全日制义务教育数学课程标准（实验稿）》的研制，以社会发展与数学课程之间的关系及其相互影响、数学学习心理规律与数学课程设计、现代数学进展与数学课程之间关系的研究、义务教育阶段学生数学学习现状与反思的研究，以及国际数学课程改革的特点与启示的研究等五项基础性研究作为重大依托。这些基础性的实践研究使课程标准的制定有了充分的准备[11]。2005 年，对数学课程标准实验稿的修订工作同样也建立在实证研究的基础之上。

本书主要的工作是关注中美高质量课堂中数学任务的比较，将两国高质量的常态课堂录像作为研究对象，运用质性和量化相结合的研究方法，对比两国数学课堂的主要差异，以便了解真实的中美数学课堂，为中国基础教育的改革提供实证性的研究结果。

第四节　关键概念的界定

一、"数学任务"的界定

课堂录像的微观角度从数学任务的特征、数学任务认知水平、数学任务的执行情况等方面比较研究。我国的数学教育的研究中，很少有关于"数学任务"的术语，因而需要界定本书研究中"数学任务"的概念。

美国教育学者多伊尔（Doyle）[29]认为"学术任务"应该关注学生工作的三个方面：（1）学生制定的成果，比如一些系列问题的原始答案或者论文；（2）可以用来将成果一般化的运算，比如记忆一系列的词语或者对概念的例子分类；（3）学生在将成果一般化的过程中所用到或者"给予"的资料,比如由教师或者一个学生提供的完成论文需要的模式。总之,多伊尔认为,"学术任务"是由学生被要求创作的答案和获得这些答案所需要的途径所定义的。多伊尔不仅给出了"学术任务"的定义,也给出了"学术任务"的四个一般要素:成果(product)、资源(resources)、运算(operations)、教学效果考核制(accountability)。

美国匹兹堡大学学习研究和发展中心的斯坦(Stein)和亨宁森(Henningsen)等人认为数学任务是一套问题或者一个复杂问题组成的课堂活动,这些问题将把学生的注意力集中在一个特定的数学想法上[30]。在他们的专著《实施初中数学课程标 准 的 教 学 案 例》(Implementing standards-based mathematics instruction:A casebook for professional development)中有"数学教学任务(mathematics instructional task)"的概念[31],其概念的内涵和之前的"数学任务"的含义一样。

上面的两个定义除了在"数学任务"的长度上有所不同外,其他方面非常类似:"数学任务"包含期待学生得出什么样的成果、期待学生怎么样去得到这个成果以及所需要的资源等。

从顾泠沅翻译斯坦等人的专著引入"数学教学任务"的概念后,国内有些学者将其概念直接表述为"教学任务"。

顾泠沅等学者的研究中采用"教学任务"的定义,并用一张图(图1-1)来表示每一个教学任务:从图中可以看出,这里的"教学任务"主要指课堂教学中学生参与其中的课堂活动。

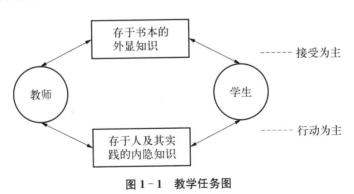

图1-1 教学任务图

国内学者黄兴丰、程龙海和李士锜[32]的研究中引入了"数学教学任务"的概念,袁志玲和陆书环等学者[33-34]的研究中也有"数学教学任务"的概念。杨玉东、华瑛、盛群力等学者的研究中均有对"教学任务"的研究,他们概念的来源是斯坦等人[30]及顾明远等学者的"数学任务"或者"教学任务"的概念。

"任务"的意思通常指交派的工作,担负的责任。"教学任务"还有另一层意思,《教育大辞典》中注明:在教学中为实现教育目的所提出的不同层次要求,是师生从事一切教学活动的指针,选择教学内容和教学方法的依据,也是衡量教学成败的标准,有的国家称之为"教学目标"[35]。例如,金志远[36]对教学任务的研究从知识技能转向文化范式辨析。

综上,本书研究采用斯坦等人[30]对于"数学任务"的定义:将学生的注意力集中到一个特定的数学内容上的一套问题或者一个复杂的问题组成的课堂活动。

二、"认知水平"的界定

"认知"(cognition)在心理学中是指通过形成概念、知觉、判断或想象等心理活动来获取知识的过程,即个体思维进行信息处理的心理功能。

在各种认知水平的分类中,影响最大的应该是布卢姆(Bloom)的教育目标分类学。1956年,布卢姆等人出版了作为教育目标分类框架的《教育目标分类学第一分册 认知领域》一书,将新知识和新思想补充到原来的分类框架中,1999年修订了原版框架。布卢姆的教育目标的分类对象是学生的行为,而且在分类体系中,"认知过程"代替"行为"。其认知过程维度分类为:记忆(remember)、理解(understand)、应用(apply)、分析(analyze)、评价(evaluate)、创造(create)[37]。此认知过程的分类非常细致,但后三个水平(高层次思维水平)之间的层次性不够清晰。

斯坦等人[30]从对学生参与或者完成数学任务时"思维参与的种类及其水平"的角度将数学任务分成四类:记忆型的任务(memorization)、无联系的程序型任务(procedure without connection)、联系的程序型任务(procedure with connection)及做数学的任务(doing mathematics)。

TIMSS对于数学任务的分类也跟上述分类比较相似,将数学任务分为:联结(making connections)、应用程序(using procedures)、表述概念(stating concepts),并将这三类任务分为高、中、低三个水平。

美国波士顿(Boston)等学者[38-39]开发了一套评价课堂教学质量的量表,其中包括"数学任务的认知水平"的量表,量表的开发基于斯坦等人及TIMSS的研究结果。"数学任务的认知水平"量表主要从四个类别对任务分类,其中前两类为记忆型的任务和无联系的程序型任务,这与斯坦等人[30]的分类一样。对于高水平的认知任务,波士顿将联系的程序型任务和做数学的任务作为第三、四类,这两类的区别在于任务本身的复杂性及任务是否要求学生解释。总之,波士顿的"认知水平"

的含义和斯坦等人的"认知水平"的含义一样。

从上面的分类可以看出，TIMSS 认知水平分类的前两类与波士顿的前两类一致，但 TIMSS 的第三类从属于波士顿分类中的第三、四类。

国内学者顾泠沅[40-41]按思考力的水平将教学水平分为三类：记忆水平、解释性理解水平、探究性理解水平。

高文君、鲍建生[42]从认知水平角度对中美教材习题比较，他们研究中的认知水平是在顾泠沅研究的基础之上分为四个水平：计算—操作性记忆水平、概念—概念性记忆水平、领会—说明性理解水平、分析—探究性理解水平。从各水平的解释分析看，前两类水平均为低认知水平中的第一类：记忆型；后两类水平为高认知水平，但其分类要看习题中是不是要求学生解释原因。

黄兴丰、程龙海、李士锜[32]的研究及袁志玲、陆书环[33-34]等学者的研究，还有其他的一些学者[43]的研究中引入了"认知水平"的概念，概念及认知水平的分类来源于斯坦等人[30]的认知水平的研究。

综上，本书研究的"认知水平"的概念采用斯坦等人的概念，认知水平的分类综合斯坦等人与波士顿对任务认知水平的分类。具体见第三章的研究工具的介绍。

第二章／研究综述

第一节 数学任务研究综述

一、国外数学任务研究综述

（一）数学任务的概念

多伊尔[29]认为"学术任务"应该关注学生工作的三个方面：（1）学生制定的成果，比如一些系列问题的原始答案或者论文；（2）可以用来将成果一般化的运算，比如记忆一系列的词语或者对概念的例子分类；（3）学生在将成果一般化的过程中所用到或者"给予"的资料，比如由教师或者一个学生提供的完成论文需要的模式。总之，多伊尔认为，"学术任务"是由学生被要求创作的答案和获得这些答案所需要的途径所定义的。多伊尔不仅给出了"学术任务"的定义，也给出了"学术任务"的四个一般要素：成果、资源、运算、教学效果考核制。

斯坦等人认为数学任务是一套问题或者一个复杂问题组成的课堂活动，这些问题将把学生的注意力集中在一个特定的数学想法上[30]。

（二）数学任务的作用

数学的课堂一般由学生围绕数学任务上的活动来组织和实现，数学任务可以在课堂中传递"数学是什么"，可以从多个方面影响学生学习数学的机会[44]。数学课堂活动是在教学内容及课堂上教授什么样的数学任务组织下的一个一致性的活动，数学任务可以引导不同的数学学习，因为数学任务在教学和学习之间架起了一座桥梁[45]。数学教育家和哲学家认为，有效教学的核心在于能让学生参与到富有成效的工作中,学生对数学概念、规则、定理等的深刻理解及相互联系的理解是非常重要的,学生的学习不但包括让学生理解数学的本质,而且强调让学生参与到数学思维的过程中,即像数学家发现数学的过程一样:制定解决问题的框架并解决问题;寻找解决问题的一般模式;提出假设;审查约束条件;从数据中得出结论;概括;创造;解释;判断;挑战等[30]。多伊尔[29]还指出任务通过两个途径影响学习者,一是将学习者的关注引导到特定内容的具体方面,二是指定处理信息的方式,从这个角度出发,数学任务不仅关注学生应该学习什么,还关注怎么学习及使用的资源。所以数学任务在数学教学中对于提高学生的学习起着重要的作用,对刺激学生的认知过程是非常重要的[45-46],而且在任何数学课堂教学中关于教学与学习的研究,数学任务都是一个非常重要的角色[47],因为"任务能传达什么是数学、做数学的细节"[48]。总之,数学任务在数学课堂教学及数学学习的研究过程中充当着重要的角色[47]。

(三) 数学任务的分类

1. 根据任务的认知水平分类

匹兹堡大学的"量化理解:详述学生学业成就及推理"(Quantitative Understanding: Amplifying Student Achievement and Reasoning,简称 QUASAR)项目[30-31,49-50]从学生完成任务所需要的思维过程即数学任务的认知水平方面对任务分类,共分为四类:记忆型的任务(memorize or reproduce facts)、无联系的程序型任务(task without connections)、联系的程序型任务(task with connections)、做数学的任务(doing mathematics)。其中,记忆型的任务和无联系的程序型任务被认为是低认知水平的任务,联系的程序型任务和做数学的任务被认为是高水平任务。

TIMSS 对于数学任务的分类与上述分类比较相似,将数学任务分为联结、应用程序、表述概念,并将这三类任务分为高、中、低三个水平。

2. 根据任务的要求分类

本内特(Bennett)[51]从数学任务的需求上将数学任务分为四类:增值的任务(incremental tasks)——指对新想法、步骤、技巧的介绍,需要识别和辨析;重构任务(restructuring tasks)——需要一个新想法、过程或者模式的创作和发明;强化的任务(enrichment tasks)——要求将熟悉的技能运用在新问题上;练习任务(practice tasks)——要求协调熟悉问题与新技能。

学者默克(Mok)和考尔(Kaur)[52]也从任务的需求方面对任务分类,水平 1:介绍新概念和新技能;水平 2:联结新旧概念和技能;水平 3:介绍超出教学材料或者教科书要求范围的知识或者信息。

新加坡学者许(Koh)和李(Lee)[53]从六个维度分析教师所使用的课堂教学和评价任务。知识的深度指任务所要求的知识类型(事实性的知识、步骤性的知识、高层次的知识);知识的批判性指在做任务的过程中要求学生做什么(知识表征仅要求学生回答正确和不正确或者回答一个已经知道的算法等、比较信息或者知识、对信息或者知识批判性地接受);知识的处理指任务本身要求学生参与的思考的本质(复制,组织解释分析系统化和评价,应用或者问题解决,新知识的一般化或者建构新知识);剩下的三个维度是从任务的形式上去分类的:支持任务的框架(supportive task framing),清晰度和组织(clarity and organization),明确的绩效标准和评分标准(explicit performance standard or marking criteria)。

蔡金法[16]在中美课堂录像对比数学教师教学表征的构建中,将教学任务分为八类:判断性任务、需要对数的表征转换的任务、建构性任务、回忆性任务、展示和观察一些相同特征的任务、比较两个数的任务、去情景化的计算任务、有情景的问题解决任务。

但任务在不同的阶段也会发生变化,比如教师设想让学生做数学,但在任务的执行过程中,有可能只让学生执行了无联系的程序型任务。导致这种情况发生的原因很多,比如执行任务的时间、教师对任务的设置过程、学生的学习态度等。QUASAR[31,49]项目组还给出了影响学生执行数学任务的认知水平的因素(表2-1)。

表2-1　维持或降低任务的认知水平的相关因素

维持任务的认知水平的相关因素	● 给学生的思维和推理提供脚手架 ● 为学生思维发展过程的自我检测提供方法 ● 教师或者有能力的学生提供高水平的示范模式 ● 教师通过提问、评价及反馈等方式促使学生判断、解释和推理 ● 任务建立在学生的先验知识之上 ● 教师经常进行多个概念之间的连接 ● 给学生适当的时间去探索任务(不太短,也不太长)
降低任务的认知水平的相关因素	● 任务的难点部分被套路化(比如,学生需要教师给出明确的阶梯程序或者解题步骤来减少任务的复杂性;教师"接管"学生的思考和推理;直接告诉学生怎么解决这个任务) ● 教师将任务所关注的概念、意义、理解等重点转向问题的正确性和完整性 ● 教师没有给学生提供足够的时间去探索任务或者教师给学生太多的时间去解决任务,以致学生开始做其他的事情 ● 课堂管理方面的问题影响了学生参与到高认知水平的任务之中 ● 对本班学生而言此任务不合适(比如,学生由于缺乏兴趣、动机或者先验知识去参与到高水平的任务中;任务对学生认知水平的要求不明确) ● 教师没有使学生对自己的高水平的解答过程和结果负责(比如,尽管教师要求学生解释他们的思路与想法,但教师接受了学生不清楚或者不正确的解释;学生留下的印象是他们所做的不会影响到他们的最后成绩)

考尔[54]根据之前的研究,及新加坡学者许和李[53]、斯坦等人[50]对数学任务不同视角的分类方式,对比了新加坡的三节数学课堂录像,而且建构了课堂中所出现的"复习任务"的种类:先前知识的回忆、为下面的任务搭建脚手架、将新旧知识联系在一起、将新获得的知识和实际生活例子相结合。

在 2006 年,学者默克和考尔[52]将课堂中的数学任务分为"学习任务"(learning task)和"练习"(practice item)。一个或者一系列学习任务的主要目标是教学生学习新知识或者展示学习目标的一个清晰的发展情况。但练习是为了让学生重复已经学过的技能。这个研究从中国上海的一节实际录像课出发,确定分析的框架。从三个方面对德国、新加坡、中国、日本四个国家的录像分析:让数学程序可见(making the mathematical procedure visible),使用日常生活的背景知识(using a daily-life context),任务内容及任务之间联结的本质(the connected nature within and between tasks)。这些数学任务的分类来自他们对数与代数中"解方程组"的课堂录像中的数学任务分析比较的结果。

(四) 数学任务的研究进展

从"数学任务"概念的提出后,研究者对数学任务的研究从各个方面展开。

学者杰克逊(Jackson)等人[55]通过观察美国数学课堂发现如何成功引入复杂的数学任务。他们认为,在复杂的数学任务的引入过程中,教师一定要注意复杂数学任务中的问题情境和数学关系等,在维持任务的认知水平的情况下引入一个数学任务。他们[56]在 2013 年通过对 165 节中学数学课堂分析,发现数学任务的设置阶段与课堂上学生的数学学习的机会之间的关系,研究结果暗示任务的引入阶段有助于帮助学生对数学任务中所蕴含的问题情境和数学关系的一般语言描述,而且任务引入阶段能维持任务的认知水平是高质量数学课的其中一个特征。

斯蒂利亚尼德斯(Stylianides)等人[57]讨论了高认知水平并带有实际生活背景的数学任务的执行情况的分析框架,框架来源于多伊尔[29]关于"学术任务"的定义的研究。

二、国内数学任务研究综述

国内关于"数学任务"的研究比较少。有学者 2001 年开始翻译斯坦等人[31]的专著,引入"数学教学任务"的概念,将其概念直接表述为"教学任务"。

顾泠沅[40-41]等学者的研究中采用的"教学任务"的定义主要指课堂教学中学生参与的课堂活动。顾泠沅还研究了教学任务的基本构成,他认为:教学任务的输

入项是教学对象的学习准备,教学任务的输出项是教学的目的,教学任务作为目的与对象的中介,具体落实在教学过程中是以怎样的内容、通过怎样的方式、达成怎样的水平,三者构成三维关系。他将教学水平分为:记忆(记住事实和操作程序)、解释性理解(教师讲解学生领会)、探究性理解(学生投入亲自探索)。从教学水平的分类可以看出,这种结果和斯坦等人对数学任务认知水平的分类有很大的关系,特别是记忆和探究性理解,分别属于低认知水平和高认知水平。

有学者根据斯坦等人[31]的"数学教学任务"的定义及其认知水平的分类,分析了中国的数学课堂案例。黄兴丰、程龙海、李士锜[32]等学者对比国内两节不同时期的代数课堂录像并分析其特点,发现当前数学课堂的教学重心发生着变化,从主要注重公式的记忆及灵活运用转移到注重公式的发现过程。袁志玲、陆书环[33-34]等学者从认知水平的角度对数学课堂中的数学教学任务分析研究,提出对教学的建议。杨玉东[58]以一节"统计"课堂为例,从数学任务的认知水平角度来看如何确定教学设计。袁思情[59]以一节录像课中的数学任务为案例分析。总之,他们的"数学教学任务"的概念来源是斯坦等人关于"数学任务"的概念,其研究的认知水平分类框架均来源于斯坦等人的分析框架。俞昕[60]、宋颖[61]等学者从使用高认知水平的任务对课堂教学意义的角度出发,倡导高中数学教学需要高认知水平的任务。

也有学者[43]研究如何对高认知水平数学课堂教学任务的情景创设及如何更好地设计教学更有利于学生体会知识的再发现过程。

总之,国内对"数学任务""教学任务""数学教学任务"等的研究比较少,主要是利用斯坦等人提出的任务认知水平的分类,研究中国课堂教学中数学任务的案例及高认知水平的数学任务对课堂教学的价值。

从"数学任务"的概念界定中可以看出,在国内课堂中,"数学任务"不仅包含课堂教学为了教学生学习新知识而使用的一个或者一系列的数学问题或者数学探究活动,比如新知学习探究、例题等,也包含让学生重复已经学习过的技能的练习题。

第二节　课堂教学比较研究文献综述

一、国际上知名的课堂教学比较研究

(一) TIMSS 国际数学课堂录像研究

第 3 次国际数学和科学研究(Third International Mathematics and Science

Study,简称 TIMSS)是由国际教育成就评价协会(the International Association for the Evaluation of Educational Achievement,简称 IEA)于 1994 年发起和组织的国际教育评价研究和水平测试活动。2003 年,为了更好地延续这项有意义的研究活动,TIMSS 成为国际数学和科学趋势研究(The Trends in International Mathematics and Science Study)的缩写。TIMSS 的研究在 TIMSS 1995 和 TIMSS 1999 中增设了数学课堂录像研究的项目。

TIMSS 1995 的录像研究方法开创了一个先河,这是第一次在课堂研究中采用大规模测量的研究方法,使用录像技术,并作了国家间的比较研究[22]。这次研究共收集了 231 节八年级(初二)数学课堂录像(81 节美国课堂录像,50 节日本课堂录像,100 节德国课堂录像),主要比较了四个方面:(1)课堂的基本结构,(2)数学内容在课堂中呈现出来的不同,(3)课堂上关于学生的数学思考,(4)教师对于改革的看法。这次研究在国际上产生重大影响[22-24]。

TIMSS 1995 在研究的方法上运用量化和质性研究相结合的录像信息编码方法,将课堂分为:课前活动、正课和课后活动,又将正课从课堂的组织形式上作最简单的划分。TIMSS 1995 录像研究根据课堂活动的教育功能定义了 4 种主要的活动片段,即引入(setting up)、正在做(working on)、分享(sharing)、教师讲或示范(teacher talk/demonstration)。

TIMSS 录像研究采用两次编码的方法对课堂对话编码,第一次是对对话片段进行编码,所谓对话片段指的是课堂上服务于单一目标或作用的由句或词构成的对话。第二次是在初次编码基础上,为了透视教师和学生之间的课堂交流,增加了对话的启发——响应序列(Elicitation-Response)的精细编码。

研究发现,在课堂结构上,美国的数学课堂教学模式为:复习已有的知识,示范如何解决当天的问题,练习,订正课堂作业,布置家庭作业。德国的数学课堂教学模式为:复习已有的知识,展示当天的主题或问题,解决问题,实践。日本的数学课堂教学模式为:复习已有的知识,展示当天的问题,学生独立或在小组学习,讨论解决的方法,强调重点和要点总结[22-23,62]。从课堂上呈现出的知识内容上看,美国课堂呈现出七年级的知识内容,日本课堂呈现出九年级的知识内容,德国课堂呈现出八年级的知识内容。

TIMSS 1999 录像研究是在总结 TIMSS 1995 录像研究的基础上展开的,有七个国家或地区参加:澳大利亚、捷克、中国香港、日本、荷兰、瑞士和美国,其主要目的是通过录像研究来描述这七个国家或地区的教学。TIMSS 1999 录像研究的数学部分包括这七个参加国家或地区拍摄的 638 节八年级数学课堂录像(仅有日本使用 TIMSS 1995 的课堂录像）。这次研究中，同一国家的录像拍摄跨越一个学年，使之涵盖一学年中尽可能多的主题以及课堂中发生的活动，而且一位教师只拍摄一节完整的课。研究内容主要包括课程背景、课程结构、课程内容以及课堂上教师与学生学习数学的方式[63]。课程背景主要利用教师问卷采集数据进而比较分析。课程结构包括课程的长度、学习数学所花费的时间、数学问题（有数学问题或无数学问题的时间、每个数学问题所花费的时间等）、课堂时间的分配、课堂交互、课堂上的作业布置情况、影响课程清晰和流畅度的因素（目标表述、课程小结、外部干扰、无数学片段、和数学无关的公告等）。课程内容主要依赖教师问卷得出。最后从课堂目的（purpose）、课堂互动（classroom interaction）、内容活动（content activities）三个方面给出各国的数学课堂的特征。

梁贯成[64]研究了北京、香港、伦敦三地的初中数学课堂。结合 112 节初中数学课，从文化价值的视角分析发现：（1）与伦敦课堂相比，北京和香港课堂的组织相当好，很少或没有时间做与课堂无关的事。较少小组活动，较多全班级教学，强调记忆结果和解题格式。（2）北京课堂包括：通过提问复习上节学习的内容；介绍新内容，通过详细解释和提问发展新内容；在黑板上，教师举例，学生做练习；讨论练习，小结和布置作业。（3）香港课堂包括：提醒上节课学了什么；解释和说明新内容并在黑板上举些例子；学生做课堂练习，并要求上黑板板书；教师讨论练习、总结和布置作业。

梁贯成[65-66]利用 TIMSS 1999 的数据研究了亚洲课堂教学的特点，亚洲课堂班额大，学生在课堂中的发言并不多，他们被期望学习更多的内容知识，而且他们所学习的数学问题一般都用数学语言引入，问题持续时间长并包含很多证明，课堂教学内容一般比较超前，课堂是连贯的。亚洲课堂教学质量的评价很高。

（二）LPS 国际数学课堂录像研究

国际合作项目 LPS 是由澳大利亚学者克拉克（Clarke）发起的研究设计，选取每个国家或地区至少三位具有代表性的八年级数学教师，利用教师机位、全景学生机位、焦点学生机位三台摄像机，连续记录教师参与者的 10～15 节课堂，并利用视频分析软件 Studio 编码分析研究。与之前国际上的研究相比，LPS 以更质性化的方式对八年级的数学课堂进行调查和研究，项目最初只有澳大利亚、德国、日本、美国参加，后来发展到十六个国家和地区（包括中国的香港、澳门、上海、北京）。这个项目通过深入分析数学课堂，丰富了参与研究国家或地区有关学生成绩和教师实践的研究，项目名称反映出研究人员对学习者视角的关注，弥补了过去只关注教师焦点的研究[67]。

LPS 区别于以往研究的一个特点是针对教师连续的一系列课,而不是单一一节课。LPS 能够将教师的教学实践与学生先前的学习行为及学生的学习成果相联系(因为是一系列的连续课程),通过分析它们之间的关系,提供给参与者反思和提高教学实践的机会。同时,在课程结束之后,针对视频录像的访谈给课堂参与者提供讲述自身感受和想法的机会。

LPS 的另一个特点是对学习者实践的探索。以往研究关注了行为、态度、信仰、知识等一系列因素组成的特殊文化背景下教师的实践。LPS 假定学生的行为、态度、信仰、知识等一系列因素也组成了一致的、特殊文化背景下的学生活动,从而开展学生学习活动的研究。课堂上三台录像机的使用以及课后的访谈,提供了更为丰富、综合的资料,为研究者从学习者视角分析提供了有力支持,也为分析教师在整个教学中所反映出来的一致性与多样性、可变性提供了可能。特别地,这个项目为参与各个国家或地区内部不同学校之间数学教学的对比研究提供了便利条件,研究者可以对教师教学实践、学生理解与行为中的相似点和不同点作比较研究。

LPS 的研究发现非常丰富,从课堂教学的各个角度对课堂录像及访谈等资料分析研究。

在课堂事件(lesson events)方面,有如下学者对课堂中发生的行为或者课堂活动比较研究。克拉克、梅西蒂(Mesiti)、雅布隆卡(Jablonka)及清水(Shimizu)[52]对比了美国、德国及日本的课堂结构,结果发现,考虑课堂的成分(课堂事件)可能更能说明课堂之间的差异。梅西蒂和克拉克还利用编码的方法对美国、澳大利亚、日本、瑞典四个国家数学课堂的前十分钟进行分析,分析课堂上前十分钟的"课前准备、热身、复习、教授、问题设置、学生练习、学生评价"等内容所占的比例。

基夫(Keefe)、徐莉花和克拉克[68]对六个地区的 8 节课中教师的一个行为——教师在课堂中间的走动——按照四个功能分类:管理学生的活动、引导学生的活动、组织、教师鼓励学生。黑格斯特伦(Haggstrom)[52]选取中国上海、中国香港、瑞典的 3 节相同内容的数学课,比较课堂教学中"新内容的介绍"对学生提供的学习机会。日本学者清水[69]还对日本课堂的总结阶段进行分析,分析教师如何使用总结阶段来凸显和总结这一节课的重点内容和知识,如何促进学生反思,如何设置学习新数学概念及术语的情景,如何建立以前所学知识与现在所学知识之间的联结等。

在学生方面,雅布隆卡[70]分析比较了德国、中国香港、美国的 6 节数学课,对

"学生在前面"(students at the front)这个行为的形式和功能分类并比较。发现中国香港的两位教师处理"学生在前面"时有点类似,更多的是让学生来黑板上板书一个问题的解题过程,而别的学生在自己的座位上独立完成问题,德、美教师在处理"学生在前面"上更多样化。德国学者贝格尔(Begehr)[71]研究了学生课堂上的"口头语言表达",教师需要"放手"让学生发展和表达他们的想法。当然还有很多成果和课堂上学生的行为有关,比如,学生参与情况、学生叙述数学、数学口语化作为一个教学策略[72]等。中国学者曹一鸣等[73]对北京6节课堂录像分析,发现"学生上讲台"的模式很多,但典型的是:教师给出问题,有学生主动回答,如果没有学生主动回答,教师会指派某一学生回答,别的学生也会补充。学生回答的内容大部分包括问题解决方法的口头描述,回答后对学生的评价往往由教师和学生一起完成,并没有单独的学生对学生的评价。

数学任务方面的研究,LPS项目也有很丰富的成果。默克和考尔[52]从任务的需求方面对任务分类,水平1:介绍新概念和新技能;水平2:联结新旧概念和技能;水平3:介绍超出教学材料或者教科书要求范围的知识或者信息。考尔[54]对新加坡的3节数学课堂既从任务的类别(复习、学习实践、评价)分析,也借助默克和考尔[52]任务的需求方面的分析框架对每一类别任务分析。最后,考尔对课堂上所有的任务从任务的认知水平的高低上也给出了分析,分析表明学习实践及评价方面的数学任务大部分都是低认知水平的任务。

黄荣金、蔡金法[47]对LPS数据库中一位中国上海教师和一位美国教师的连续10节数学课堂录像对比分析,分析的框架采用斯坦等人[31]的任务的认知水平及维持和降低任务认知水平的原因的框架,结果表明,美国课堂的数学任务量远远少于中国课堂的数学任务量,而且美国数学课堂中有 $\frac{1}{3}$ 的数学任务是高认知水平的数学任务:做数学,但此相同级别的数学任务在中国的数学课堂中只有 $\frac{1}{5}$。在任务的执行阶段,中国教师用了几乎所有的课堂时间到任务的执行阶段上,而美国教师并不是这样;中国教师对于任务认知水平的维持方面比美国教师做得好。

梅西蒂和克拉克[47]对五个国家的9节课中所使用的有特色的数学任务三个职能方面:意图(intention)、行动(action)、阐明(interpretation)进行仔细分析,在分析的过程中结合了社会、文化、课程教材的系统、课堂交流的参与等不同方面。

中国LPS相关研究一共收集了46节香港数学课堂录像、41节澳门数学课堂录像及44节上海数学课堂录像。LPS的研究设计是质性焦点分析的一个代表,其在数学课堂上的研究上有了很丰富的成果。特别是对于中美的数学课堂的分析结果。

洛佩斯·真（Lopez-Real）、默克、莱昂（Leung）及马顿（Marton）[74]通过对上海3节课的详细分析及教师访谈资料的分析发现，虽然中国的数学课堂在教学策略上有很大的不同，但一系列的课堂教学中有某种重复的教学模式。他们研发了一套分析课堂表现教师教学方法的事件的分类标准：探究性、指令性、总结（教师在课内作总结或者对讨论过的主题或问题作总结）、练习和实践（有时还包括全班一起核对练习题的答案）、布置家庭作业。研究还表明，课堂上学生有机会讨论和表达他们自己的想法，然而很明显的是，学习的整个方向紧紧掌握在教师手中，探究不是"大规模的、开放的探究"，而是"小型的探究"。默克[75]还发现，中国的课堂是"教师占主导地位"的课堂，但"教师主导"的课堂中也有一定的规则：教师对知识的理解非常透彻，而且教师希望学生也能理解到同样的层次。教师给学生机会让学生去讨论，但教师通过选择有限的任务去控制学生的活动，教师非常欢迎学生用自己的语言理解知识，但最后教师将会把学生的语言改正成标准的语言描述知识。

默克及洛佩斯·真[76]也通过两类编码对中国上海及中国香港的课堂分析，一类编码是课堂管理，分为班级学习片段（classwork：只有教师独自讲解和教师引导下的全班讨论）和课堂作业（seatwork：分全班的课堂作业、小组的课堂作业、个人的课堂作业）。另一类是教师的方法和活动，分为：指令性（directive）、探究型（exploratory）、总结（summarization）、测试和练习（exercises and practice）、布置家庭作业（assigning homework）。研究表明，上海的教师运用小组合作的方式更多，而且上海教师的探究任务明显比香港教师运用得多。

黄荣金、默克和梁贯成[67]对中国香港6节、中国澳门7节、中国上海8节的课堂录像分析，发现三个地方的教师都关心变式练习而不是机械的练习。他们认为，通过变式练习然后总结关键点，可以让学生更深刻地理解和应用特定的方法并认清方法背后的本质。上海教师倾向于使用隐式的变式，需要抽象或者逻辑分析才能辨析；而香港教师却倾向于显示的变式，通过改变方程系数或者图形的位置等；澳门教师位于香港教师和上海教师之间。对于总结部分，研究显示，上海和澳门的教师更注重于揭示练习背后蕴含的原理及数学方法。

黄荣金、江甄南[77]对中国香港、中国澳门、中国上海的课堂录像分析并根据教师教学方法事件分类确定了数学无关、探究性、指令性（基础或巩固）、总结、练习、实践、布置家庭作业等编码，发现澳门教师用较多的时间讲一些与教学内容无关的事情，香港教师较注重通过大量的练习来训练学生，上海教师给学生提供一定的机

会让学生参与探究活动,但在香港和澳门的数学课堂中很难发现学生的探究活动。

默克[78]对中国上海14节及澳大利亚的10节数学课堂录像比较发现,中国课堂上的学习步伐比澳大利亚的步伐快,而且教师在课堂之间移动来辅导学生的行动比较多,中国课堂显示,全班讨论的时间花费最多。澳大利亚的学生在课堂上拥有更多的时间,也能更自由地去探索自己的问题,教师对于他们的帮助,主要集中在对于某个人建立脚手架。中国课堂上任务的数量特别多,而且任务本身很复杂,师生间的课堂数学交流比较多,教师一直处于引导学生学习的状态,学生很少有机会个人思考探索或小组讨论探索。

(三)其他国际课堂教学比较研究

史蒂文森(Stevenson)和李[79]通过对大量亚洲课堂的实际观察,描述了亚洲课堂的特征,中国和日本主要是大班上课(whole-class instruction),由有经验的教师主导课堂,课堂是精心准备过的,研究者还试图通过对亚洲课堂的教学方式的描述,来警示美国的课堂。

黄荣金、梁贯成等学者[80-81]对中国香港和中国上海的课堂教学结构进行研究,发现香港和上海的组织形式十分相似,一般都包括下列阶段:引入,证实,练习。而且香港和上海的课堂都强调探究和建构知识,提供变式练习,促进学生参与学习过程。

二、基于编码分析研究国内课堂录像的文献综述

中国学者曹一鸣在数学课堂教学方面开展了很多研究。基于 LPS 的课堂录像,采用 TIMSS 开发的编码体系,对中国的数学课堂编码分析,结果显示中国课堂教学有如下特点:课堂教学专注于解决数学问题,而且容量很大;课堂结构比较稳定,教师提出问题的方式比较直接。对课堂中解决问题模式的研究发现,中国的课堂中解决问题的模式主要有四种:提出问题→讨论解决、提出问题→分组或独立解决、提出问题→学生阐述、提出问题→解决子问题→讨论解法→提出子问题→讨论解法[82]。

对数学课堂中师生互动行为主体类型的研究发现,中国课堂师生互动主要有如下特征:师班互动是主要类型,师组互动比较缺乏,所有的师生互动均是由教师发起等[82-83]。

对数学课堂中师生话语权的量化研究[7,84]发现,优秀教师和学生的说话字数

比例与 TIMSS 1999 对中国香港的研究结果比较接近,远远高于国际平均水平;教师在课堂中使用的日常用语、数学语言和数学教学语言的比例大约是 2∶3∶5。

基于中国数学教师与 TIMSS 1999 录像研究的结果,比较数学与现实生活联系的度是什么[85],发现中国课堂中数学与现实生活联系的度为 11%,而 TIMSS 1999 发现参与的七个国家或地区的课堂教学中与实际生活相关的问题占总问题的 22%。

对高中数学课堂中教师语言的研究发现,虽然教师的话语量差异很大,但使用日常语言、数学教学语言和数学语言的相对比例大约为 2∶5∶3,而且发现,课堂中数学教学语言是连接数学语言和日常语言的纽带[7]。

曹一鸣[86]等学者对数学课堂的启发式教学模式的研究发现,中国的数学课堂虽然是在教师的主导下,带有高度的统一性和计划性,但课堂的中心不单纯是教师也不单纯是学生,而是"教师为主导、学生为主体"的师生关系,教师非常注重启发诱导,学生之间有交流、合作、互动,但学生缺乏主动学习和主动探索[7]。

对数学课堂中"双基"教学的研究发现,教师对"双基"的讲解占很大比例,在"双基"的训练中,训练的容量差异大,难度差异也很大[7]。

叶立军等学者在录像分析的背景下对代数课堂教学提问研究,借鉴费兰德互动分析系统(Flanders Interaction Analysis System),量化分析两节同课异构的代数课堂的教学语言,发现代数课堂中教师语言以提问性为主,例题讲解、练习讲解环节所占比重特别大。用同样方法对统计课堂教学进行分析,发现教师提问相对比较少,学生机械性回答比较多。运用录像分析对教师提问方式进行研究,从教师的提问策略上看,教师会依据不同类型的问题采用不同的提问方式,而且会对学生产生不一样的影响[87-89]。

王新民、吴立宝[18]对中国课改前、课改中、课改后各 10 节课堂录像,从师生互动行为主体和教学活动两个维度进行比较分析,发现课改后小学数学课堂更注重学生的学,而且课堂上"双基"的教学趋于适度化,而且还发现"小组合作"及"探究学习"均比较薄弱。

三、中美数学教育的比较研究文献综述

蔡金法在中美教育的对比研究中作出了很多的贡献。2000 年开始蔡金法在他的研究中首次使用开放性的问题去测试中美学生的解决数学问题的能力和提出数学问题的能力,美国 98 个、中国 155 个六年级的学生参加此项研究,收集学生书

写的全部内容。此研究显示：中国学生相对于美国学生而言，更倾向于使用抽象策略（abstract strategies）和符号表达（symbolic representations）；而美国学生在解决问题的过程中更倾向于使用具体的策略（concrete strategies）和可视化表达（visual representations）[90-91]。其他研究者也对美国学生与中国学生的问题思考方面开展了研究，还有对美国学生与亚洲其他国家的学生的对比研究，均表明美国学生更多地利用具体、可视化的策略[92-94]。

蔡金法等又开展了一系列的研究试图去解释中美双方学生产生差距的原因，教材的侧重点可能影响学生解决问题的方法，蔡金法[95]介绍了美国和中国学生的数学思考能力的差距多大程度上与他们学习代数的机会有关，而且还调查了美国和中国教师的信念对学生的数学思考能力的影响。教师对于学生的影响也是巨大的，蔡金法等研究者就学生学习差异的教师因素开展了一系列的研究。2005年，研究者对11位美国教师和9位中国教师的数学教学的教学计划比较研究，目的是调查中美两国教师数学课堂中的陈述（representation）的概念和结构，它有利于去理解中美学生数学思维的差异，而且可以从跨文化的视角去理解教师的信念和课堂教学的不同。数据收集的过程分为两个阶段，首先要求每位教师写一篇关于算术平均、比和比率的介绍性的教学计划；然后要求每位教师报告10个问题，并猜测学生在解决数学问题时可能用到的学习策略和教师在教学的过程中希望学生应用的学习策略；最后教学，28个学生的学习结果通过给定的5分制的评分标准评价，从而评价学生的学习情况。其结果表明，所有的中国教师都基于国家统一的数学课程标准写出教学计划，而且包括非常相近的学习目标和课堂结构；但美国教师即使来自同一学校，也有非常不同的教学计划[96]。蔡金法[97]描绘了中美教师在"比的概念"这个内容上的教学计划的具体不同之处，是从教师的课前教学计划入手比较中美教师的课堂教学差异，那么什么才是真正有效的数学教学呢？很多学者[98-100]利用教师访谈、问卷调查等方法研究中美数学教师的教学信念的差异。美国教师注重通过具体的例子让学生更好地理解数学概念，而中国教师则在展示具体的例子之后更注重抽象推理的构成；关于教师的能力，美国强调教师一定要具有促进学生参与、驾驭课堂、具有幽默感，而中国则强调教师要具有扎实的数学知识并要仔细研读数学教科书。

1999年，马立平对中美小学数学教师的数学知识关于"对于基础数学知识的深刻理解"（profound understanding of fundamental mathematics）部分比较研究，结果显示，中国教师的基础数学知识的深刻理解能力比美国教师强[14]。

2004年，安淑华等通过教师问卷、访谈、观察等对比研究中美高中数学教师的学科教学知识(PCK)之间的差异：美国教师侧重于设计一系列的活动来帮助学生理解数学概念，中国教师更注重过程和概念性的知识的教学[15]。

还有一些学者[101-102]基于经验从中美课堂教学在教师角色、教学方法和学习方法、教学效果的检验、师生关系、课堂环境等各个方面说明不同。

第三节　文献综述小结

科学研究具有延续性，要在已有知识的基础之上找到新的研究问题和研究方向。

利用录像分析方法对国际数学课堂对比的大型国际研究主要有两个项目，一个是 TIMSS，另一个是 LPS。TIMSS 在选择研究对象及研究设计上均采用大尺度测量(large-scale)的量化研究方法，从宏观的课堂结构、课堂对话、课堂片段等方面利用视频分析软件对数学课堂录像编码分析比较，得到了丰富的研究结果。TIMSS 的研究开辟了"大尺度测量"量化研究课堂教学的先河，其研究方法和研究工具对本研究有很大的借鉴意义。但其录像的拍摄阶段在 1999 年，中国香港在其研究范围之内，但中国内地并没有参与到 TIMSS 1999 的研究之中。中国 2001 年开始启动基础教育课程改革，在课程理念、课程内容、课程目标、评价方式等方面较以前有很大的变动，所以数学课堂教学也将与课程改革前有很大的区别。同样，美国也颁布了一系列的文件，比如 NCTM2000、统一核心州课程标准，以及 NCTM 在 2014 年发布的《行动原则：确保所有学生数学成功》等，美国的数学课堂教学也有一系列的变化，特别典型的现在的数学课堂是标准化的数学课堂(standard-based mathematics teaching)，与以前的"发起(Initation)——回应(Response)——评价(Evaluation)"(简称 IRE)模式有很大的区别。TIMSS 1999 的研究结果显示，美国 81% 的课堂还是 IRE 模式。现在的数学课堂更开放，一般由三个阶段组成：引入、探索、总结。这种新式的课堂教学更能体现现在的数学教育。

LPS 项目的研究设计主要是质性研究，研究对象的选择主要是十六个国家和地区的 3 位教师的连续 10~15 节课，个案研究的结果虽然有一定的推广价值，但并不能反映整体状况。对于中国来说，参与到 LPS 研究的地区主要是香港、北京和上海，用这些地方代表整个中国有所欠缺。而且，LPS 的数据收集时间也比较早，中国数学教育的课程改革对中国数学的教学产生了很大的影响，那时的课堂录像数据并不能如实的反映现状。

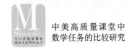
　　除去著名的 TIMSS 和 LPS 两个项目组,以及后来学者利用 TIMSS 和 LPS 重新采取中国录像的研究,中美数学教育之间的对比研究多半是一些在美国的华裔数学教育家或者曾在美国访问交流的研究者所做的研究,这些研究多半是利用访谈、问卷、教师教案、对学生的访谈或问卷等方法,以中国和美国的实际课堂录像为研究对象的不多,特别是近几年的大规模的课堂录像的对比更是没有。

　　对数学任务的研究发现,研究者对于数学任务的内涵、分类等的研究,特别是分类,不仅从数学任务的功能上分类,而且也从任务的认知水平上分类,然后根据这些分类的框架对本国的课堂中的数学任务特征研究,而且研究者根据以前的研究成果,对比研究几个国家的数学课堂中的数学任务特征。在维持和降低任务的认知水平方面上,研究者均根据斯坦等人的研究,分析本国和对比他国的数学任务的认知水平及其维持情况,分析的对象主要来源于 LPS 的数据库,其数据库的代表性有一定的局限性。

第三章／研究设计

从文献综述发现的问题出发,本书选取分布在中国东南西北中的五个城市学区的高质量数学课堂录像和美国的四个城市学区的高质量数学课堂录像作为研究对象,录像的采集均是 2011 年和 2012 年。本章将从研究对象、研究方法、研究工具、研究流程等方面阐述研究设计。

第一节　研究对象

本书的研究对象是中国和美国的数学课堂录像。美国的数学课堂录像来源于美国范德堡大学皮博迪教育学院的中学数学的组织支撑系统 MIST(Middle-School Mathematics and the Institutional Setting of Teaching)项目组[103],此项目想通过收集大规模数据,采用质性或量化的研究方法,从实践层面去探索在美国的城市学区里,什么样的教学组织支撑系统能提升中学数学的课堂教学质量及学生的学业成就,并建立相应的理论框架,反过来再由实践去检验、反馈该体系的实践效果。数据收集是每年从相同的四个城市学区收集数据并记录如下信息:(1)有关教学的背景,(2)教师的教学实践和数学教学知识问卷,(3)教师所参加的专业发展活动,(4)正式与非正式的学校领导者的教学领导力的实践,(5)学生的成绩。每个学区大约有 30 位教师及这些教师的教学方面的领导(校长、校长助理、教练等)参加,具体的数据收集包括:对所有参与者的访谈、连续两节课的课堂录像、教师和领导的数学教学知识问卷、教师专业发展培训的录像、学生成绩的数据。

美国的四个学区主要特点是:分布在南北中的非常大的城市学区,有限的资源,教师的高流失率,以及学校里有很多数学成绩不好的学生。这些学校的教师很希望能提高学生的数学学习成绩,而且也希望尝试 2000 年 NCTM 标准中的教学

模式。三个城市学区使用 Connected Mathematics Project 2(CMP2)教材,一个城市学区使用由自己学区中有经验的教师根据 CMP2 教材编制的教学材料。

此项目组成员每年的 1 月份左右对美国的四个城市学区的数学教师录连续两节数学课。同年 4 月,美国 MIST 项目组将邀请匹兹堡大学的开发研制课堂教学质量评价(Instriction quanlity assessment,简称 IQA)工具[39,104]的研究员对 MIST 项目组成员作为期两天的培训,并计算评分者内部信度,当评分者信度大于 80%时,此评分者才有资格对所采集的课堂录像编码。随后,对所有的课堂录像进行编码评分。

本书从 MIST 项目组在 2011 年 1 月录制的 112 位教师的 224 节数学课堂录像中选取 15 位教师较好的一节课,选取方法如下:IQA 量表共有 13 个评价指标。首先将"任务认知水平"为 3、4 的所有任务选择出来,因为高认知水平的数学任务是学生深层次参与课堂的基础。其次将选择的数学任务按照"任务执行"指标,选出得分为 3、4 的数学任务,这样选取的原因是"任务执行"这个指标是从整体的角度看学生在课堂上对任务认知水平实施的情况。最后将通过前两步选出的数学任务的其他评价指标求平均,选出得分最高的 15 位教师,再选出 15 位教师中得分比较高的一节课。共选出 15 节美国课堂录像作为研究对象,并随机编号为 US1、US2、US3、US4、US5、US6、US7、US8、US9、US10、US11、US12、US13、US14、US15,其中 US1:直径和圆的关系;US2:代数——解决带有线性关系的问题;US3:"相似率"的问题;US4:正负数的加减;US5:百分比运算;US6:三种对称图形;US7:几何概型;US8:古典概型;US9:古典概型;US10:数据统计;US11:旋转图形;US12:分数;US13:比例;US14:箱线图比较;US15:古典概型。

中国数据来自由美国国家科学基金会(National Science Foundation)资金支持的中美合作项目:中美区域和学校层面对高质量数学教学支持的比较研究(Cross-National Comparison of School and District Supports for High-Quality Mathematics Instruction in the U.S. and China)。中国方面的数据收集工作是在 2011~2013 年,分别从中国的五个城市学区中的重点中学(示范中学)和非重点中学(普通中学)中随机选择若干所初级中学,再从每所学校的七年级随机选取 5~7 位数学教师作为教师样本(若此学校七年级教师少于 5 位,则选取所有的七年级教师),共 42 所学校 132 位教师。数据的收集共两轮,每年的 5 月份收集,2011~2012 年四个城市学区 BJ、CQ、SY、HZ 参与,2012~2013 年一个城市学区 CD 加入。本书从项目组收集的第一轮数据中选取数据。选择 2011 年四个城市学区(BJ、CQ、SY、HZ)的 84 位教师共 168 节数学课堂录像及 2012 年一个城市学区(CD)25 位教师的 50 节数学课堂录像。

中国录像的选取采用专家评议法及课堂编码分析的方法。首先根据北京师范大学项目组自主研发的课堂教学质量评价表,对所有的中国课堂录像编码评分,按照得分高低选出 30 位教师的课堂录像;再由一位特级教师、一位有十几年教学经验的教研员、一位大学课程与教学论专业教授对这 30 节课进行独立评价。最后从中挑选出 15 节由三方一致认可的高质量课堂,并随机编号为 CN1、CN2、CN3、CN4、CN5、CN6、CN7、CN8、CN9、CN10、CN11、CN12、CN13、CN14、CN15,其中 CN1:角平分线的性质定理;CN2:角平分线的性质定理;CN3:统计数据的描述与表示;CN4:等腰三角形与等边三角形;CN5:变化中的三角形;CN6:等腰三角形与等边三角形;CN7:平行线性质;CN8:等腰三角形与等边三角形;CN9:直角三角形全等;CN10:同底数幂的除法;CN11:单项式除以单项式;CN12:平方差公式;CN13:平方差公式;CN14:分解因式;CN15:探索直角三角形全等的条件。

综合上面研究对象的选取过程可以看出,本书的研究对象分别是中国和美国项目组数据库中的常态课的课堂录像,并从常态课中选取高质量的数学课堂。

选取的原因主要是基于下面的考虑:1. 选取常态录像课。课堂教学不是一朝一夕的事情,学校里每天都在进行着课堂教学,研究这些常态课的特征更能体现教学的现状;比赛获奖的课堂质量固然比常态课质量高,但获奖课堂是经过很多遍磨合的,他们是课堂教学中的特例,不能代表真正的、日常常规的课堂教学。2. 选取常态课中的高质量课堂。课堂教学质量和很多因素有关,但提高教学质量是学校教育追求的目标,研究高质量课堂教学特征,特别是高质量的常态课堂的特征,可以为日常常规的课堂教学提出一些切实可行的建议。

第二节　研究方法

本书研究采用定性研究与定量研究相结合的研究方法。定性研究和定量研究代表着两种截然不同的理解世界的方法,它们的研究方法基于不同的范式。定性研究基于描述性分析,本质上是一个归纳的过程,即从特殊情境中归纳出一般性的结论,定性研究是具有特定情境性的,基于对特定情境的认知。定性研究着重现象学模式,它属于自然主义的范式,它的研究应在自然情境中进行,研究所获得的意义也只适应于特定的情境和条件。定性研究是采取整体的方式解释自然情境。定量研究方法属于实证主义,与演绎法更接近,是从一般的原理推广到特殊的情境中去。定量研究方法更有演绎性,与定性研究方法相比,更接近于科学的方法,更强

调标准的研究程序和研究的预先设计。定性研究方法主要依靠叙事性的描述,而定量研究方法主要依靠统计结果[105]。

毫无疑问,定性研究和定量研究方法各有优缺点,所以本书选取定性研究和定量研究相结合的方法,对研究对象全方位、多视角分析研究。本书中涉及的定性研究方法有:文献研究法、比较研究法、个案研究法等,涉及的定量研究方法有:编码分析、统计分析等。

一、文献研究法

文献研究法是专门对人类历史长河中所收集的文献分析研究的方法,因其不直接参与和接触具体活动,故称为非接触性研究方法。文献研究法是教育科学研究中最基本的方法之一。它是对文献查阅、分析、整理并力图寻找出事物的本质属性的一种研究方法,它通过对文献资料理论阐释和比较分析,帮助研究者发现事物的内在联系,寻找社会现象产生的本质[106]。

研究问题的选择在一定程度上依赖于文献,如果研究的问题在专业的文献中从来没有出现过,那么研究问题的重要性有待商榷。在研究的过程中,查阅文献这一步会对整个文献背景下的研究问题起到决定性的作用,它能明确研究课题的意义,而且为研究者提供了已有的研究信息,它还能提供如何研究的信息[105]。

二、比较研究法

比较研究法是教育科学研究中重要的方法之一,它是根据一定的标准,把彼此有某些联系的事物放在一起考察,"同中求异""异中求同",以把握研究对象所特有的性质。其研究的程序一般包括:确定研究的问题,提出研究的假设,明确研究中设计的概念,搜集分析研究的数据,概括研究的结论。它的研究范围非常广泛,可以是两个或者几个国家或者地区之间的对比,也可以是一个国家不同地区或者不同学校、班级、学生等之间的对比[107]。

本书将对中美数学课堂录像中的数学任务及课堂录像本身对比研究。

三、个案研究法

个案研究法是指搜集一个人的家庭状况、生活条件、教育影响、智力表现、年龄特征、身体状况等有关资料,通过综合分析研究,以探究其心理的形成和发展规律。个案研究中研究者选择个案,综合运用访谈、观察、测试及实验干预对个案予以分析。个案研究中典型案例的研究结论有一定的推广价值,而极端案例结论也应予以重视。开展个案研究,要先明确研究的背景及研究的目的,然后根据研究的目的选择个案,并对个案的客观情况予以介绍,最后结合问卷调查、访谈等质性研究法对个案予以研究,概括出研究结论,并对研究结果给出进一步的解释或者以研究结果为基础给出提示或思考的意见。尽管运用个案研究法有一定的局限性,但它仍是一种比较重要的研究方法[107-108]。

四、视频编码分析方法

在定性研究的过程中,需要对大量的信息编组分类,通过编组使数据归并,这样的过程称为编码过程。本书中,研究对象是视频录像,所以需要采用特殊的视频分析软件与方法。基于 20 世纪 60 年代为研究课堂语言互动行为所创造的教学视频量化分析研究的"费兰德互动分析系统",本书采用视频编码分析方法研究。视频编码分析方法大约有三步:确定编码,实施编码,统计编码。

确定编码阶段,首先在已有的文献基础之上,通过观察中美的所有课堂,大致找出其能比较的异同之处,设计初步的编码体系;其次根据初步的编码体系,对某位教师的一节课编码分析,再次调整初步的编码体系,特别是要调整难以定量的编码体系或者重新解释;最后利用修订的编码体系,对另一位教师的课堂录像编码分析,重复后几步,如此反复最终确定编码体系。

实施编码阶段,确定编码体系后,将中美的数学课堂录像统一编码。在编码的过程中为了保证编码的可检查性,使用质性分析软件 Nvivo 对课堂录像编码,并在全部数据完成后,随机抽取 20% 检验。

统计编码阶段,根据上一步课堂录像的编码,统计编码的数据结果。

五、课堂录像观察法

课堂录像观察法是普通课堂观察法的升级。根据课堂教学的过程录像,可以再次聚焦课堂上的教学过程[23]。课堂录像记录了课堂中真实的信息,课堂教学是非常复杂的过程,课堂录像可以让研究者对复杂过程再研究,从不同的视角开展质性和量化的研究,这是课堂录像观察法的优点。近几年,这一方法在教育研究领域

的应用非常广泛。本书通过课堂录像观察法,对中美数学课堂录像的样本深入分析研究。

六、统计分析法

统计分析法是描述定量数据的方法,运用十分广泛,它可以描述数据并能破解其含义。描述性统计用来描述变量间的分布和关系,它是数据分析的一部分,推断统计构成数据分析的另一部分。推断统计是试图通过从样本数据中求得的统计量,来推断总体参数。统计分析法为研究者提供了分析定量数据的有效方法,统计是手段但不是目的。实质上,统计分析服务于教育研究。

第三节　研究工具

一、研究工具选择的基础

许多研究者[109-114]均认为教师的课堂教学行为以及学生最终的学习,都受教师的信念影响,尽管教师所具有的知识量及知识的种类有很大的不同,但教师的理念很大程度上指导着他们在课堂上的行为。教师的理念过滤和处理来自周围世界的新信息,影响着教师的教学计划、课堂上的思维、决策的制定及观念等。纵然义务教育的课程改革中让教师改变教学观念,但实际课堂教学中,教师的教学理念和课程标准中所规定的理念不一定一致,所以有必要对实际课堂录像分析研究,找出实际与理论的差距。

本书的研究工具的背后有一个理念支撑:课堂教学中学生思维的参与度作为评价课堂质量的一个重要指标。下面从义务教育数学课程改革中阐述选择这一理念的原因。

数学课程的核心理念是什么呢?《义务教育数学课程标准(2011 年版)》指出:"数学课程应致力于实现义务教育阶段的培养目标,要面向全体学生,适应学生个性发展的需要,使得人人都能获得良好的数学教育,不同的人在数学上有不同的发展。"《国家中长期教育改革和发展规划纲要(2010—2020 年)》指出:"把育人作为教育工作的根本要求,要关心每一个学生,促进每一个学生主动地、生动活泼地发展,尊重教育规律和学生身心发展规律,为每一个学生提供适合的教育。"党的十八届三中全会提出的《深化教育领域综合改革》中指出:"坚持立德树人为基本导向,育人为本、德育为先、能力为重、全面发展,尽力为每个学生提供适合的教育。"从上面能看出课程标准的理念与国家发展纲要及教育领域的综合改革的理念相一致,均以"学生发展"为基本出发点,数学课程的核心理念为:人人都能获得良好的数学教育,不同的人在数学上得到不同的发展。里面包含两个含义,人人都能获得良好的数学教育;但人与人的差异,特别是先验知识的不同,需要依据不同学生的先验知识来获得数学知识即不同的人在数学上有不同的发展。核心理念中不仅强调人人即全体学生,而且还强调了不同的人即不同层次的学生有发展的空间。这就要求在数学课堂上要让学生主动参与数学活动,在数学课堂教学上要关注学生的数学思考,学生的数学学习的过程中关注学生的思维过程等。

教育的本质是使学生得到全面的发展,必须认真落实学生的主体地位。在数学的学习中,学生成为主体地位的重要标志是他们积极参与到各种教学活动中。所以在数学教学中,要让学生参与知识产生、发展和应用的全过程,教师不能把现成的结论教给学生,数学教学是数学活动的教学,要引导学生自己寻求知识产生的原因,探索与其他事物的联系,在探索的过程中形成概念、寻求规律、获得结论。教师还应该设计有助于促进思维的问题,要留给学生足够参与教学活动的空间和时间。

数学课堂中最需要做的事情是什么呢?义务教育数学课程标准及其解读给出了答案。数学课堂中要"激发学生的兴趣""引发学生的思考",特别是"引发学生的思考",数学思考是数学教学中最有价值的行为;数学教学中,学生对题型的模仿、对类型的强化、对技能的操练等固然重要,但这些措施如果离开了数学思考,将没有什么意义。数学的学习中,有思考才能发现问题、解决问题,才能真正体会与领悟到数学的本质价值及数学的美与魅力,也才能在数学上有所创新。注重数学思考即关注课堂教学中学生思维的参与度是数学课堂中最需要做的事情之一。这与本书研究的理念相吻合。

学生的数学学习过程应该是什么样?教师的教是为了学生的学,现代的数学教育有必要让学生经历多元的数学学习的过程,获得自己去探索数学的体验,还原数学家发现数学的过程,促进学生利用数学解决实际问题的能力。《义务教育数学课程标准(2011年版)》指出:学生的数学学习的过程应该有足够的时间和空间经历观察、实验、猜测、计算、推理、验证等活动过程。所以,在数学的教学过程中,必须有学生主动的学习活动,让学生亲身体验如何"做数学",如何实现数学的"再创造",在这样的数学活动的过程中感受数学的本质与力量。即在课堂教学过程中,教师要在学生数学学习的过程中给予学生充分的学习时间及充足的思维的空间,让学生能够真正从事数学的思维活动。数学教学中学生的数学学习过程也强调学生在数学学

习的过程中的从事数学的思维活动,即课堂教学中学生思维的参与度,这和高水平的任务水平的评价方式不谋而合,最高水平的数学任务是让学生:"做数学"。

总之,义务教育的课程改革要求以立德树人为基本导向,育人为主、德育为先、能力为重,全面发展,尽力为每一个学生提供适合的教育。在数学方面,让人人能获得良好的数学教育,不同的人在数学上有不同的发展,因而在实际的课堂中不仅要关注学生的主体地位,也要考虑实际课堂中学生思维的参与度。

本书想要对比中美数学常态课堂的异同,研究工具的选择不仅能筛选出中国数学课堂的特征,也能甄别出美国数学课堂的特征。

TIMSS 1999 通过分析 81 节美国的课堂发现,83%的数学课堂上呈现给学生的数学任务是步骤的练习、概念的描述等,课堂上少于 1%的时间给学生提供数学联结的机会。通过课堂分析还发现,这种传统式的教学模式,由下面的四个成分组成:复习以往的材料,演示如何解决今天的问题,练习,批改课上作业和布置家庭作业。主要是教师告诉学生一些事实,给学生演示步骤,学生记住这些事实,并练习这些步骤。这样的教学模式在美国被称为 IRE,往往发生在经济欠发展的地区,学生通常被告知、听且记住教师所说的,对于学生自己的思考、学生自己对自己想法的解释等均不重视。

近几十年来,一方面,美国数学教育家对学生的数学学习进行研究,基于研究结果,建议政策制定者制定一系列的数学学习的目标。NCTM 在 2000 年制定的《学校数学教育的原则和标准》,美国研究理事会的《帮助孩子学习数学》,以及《共同核心州数学课程标准》等文件,均指向了共同的学生数学学习目标:对规定范围内的数学内容的概念性的理解和步骤的熟练运用及问题解决能力的多方面发展。为确保有效落实《共同核心州数学课程标准》,2014 年,NCTM 制定了《行动原则:确保所有学生数学成功》。另一方面,数学教育研究者也对课堂教学进行研究。部分学者认为课堂教学要经常给学生提供机会去解决一些富有挑战性的数学任务,来锻炼他们的数学推理能力,联结学生的数学想法和数学表征[20]。这样的教学被称为雄伟教学模式(ambitious teaching),这种教学的目的是让所有的学生,不分民族、性别、班级等,不仅能获得知识,而且能理解和运用知识,并能运用知识解决实际问题。在这样的教学中,要求教师提供给学生有认知要求的数学任务,教师要促使学生对他们的解释提供证据,要联结他们和同伴间的结果策略,并且要求教师组织全班讨论以支持学生自己的思维。这个教学理念的中心是学习的机会是均等的[31,115-116],关注每一个孩子,给每一个孩子提供适当的发展机会。

总之,中美两国在教学理念上有相同之处:关注每一个学生,为每个学生创造学习的机会，让不同的学生在不同的方面有着不同的发展。在实际的课堂中就要关注学生的主体地位，关注学生在课堂中思维的真正参与度。这就是本书的研究工具选择的基本依据。

二、研究工具设计框架

基于以上研究工具选择的理念，以及国内外文献关于课堂教学比较和数学任务的研究。本书研究工具的设计主要遵循一条明线和一条暗线。

一条明线是数学任务在课堂中的实施过程。观察课堂录像，数学任务在课堂中贯穿始终，课堂教学是由一个或者一串问题组成的数学活动而构成的，课堂教学一般由学生围绕着数学任务上的活动组织和实现。借用斯坦在 1996 年的研究[30]，课堂中数学任务将经历如下阶段：课程或教学材料中的数学任务→课堂上教师介绍给学生的任务→被学生实施的任务→学生学习（图 3-1）。美国学者[117]对美国课堂的研究表明，课堂中任务实施共三个阶段：任务引入（launch）、任务探索（explore）、任务总结（summary）。

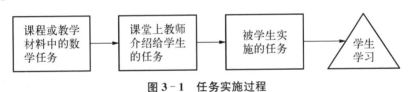

图 3-1　任务实施过程

对中国的课堂教学流程的研究中，学者也从不同的角度对课堂教学流程、模式等分析研究。比如，吕传汉[118-120]等学者对"问题解决式"教学模式的研究，认为问题解决的教学实验要经历：情景→问题→讨论→建模→评价，这样的过程其实也是：教师介绍给学生问题（情景→问题）→问题探索（讨论→建模）→问题总结（评价）。国内学者曹一鸣[25]将当代数学教学模式分为很多种：讲解—传授、自学—辅导、引导—发现、活动—参与等。但不管哪种教学模式或者教学流程，数学任务贯穿始终，而且课堂教学要由学生参与到数学任务的实施中组织和实现。

观察中国和美国的数学课堂录像也发现，课堂教学是由一个或者一串问题组成的数学活动而构成的。想解决数学任务，必须先介绍给学生，然后探索解决，之后评价总结。这是数学任务实施必需的三个阶段。

综上，结合本书的研究对象和研究问题，研究工具设计的一条明线是遵循任务在课堂中的实施过程。

　　研究工具设计的一条暗线是本书的研究理念：学生思维的参与度。高质量的课堂教学应让学生有所思考，并且主动思考，而不是停留在表面的操作、模仿和练习。那么，课堂中的教学材料是否给学生提供了学习和思考的机会？教师的教学行为是否影响了学生在课堂中学习和思考的机会？学生对自己和同伴的思考是否也有着促进作用？研究工具结合已有的国内外文献主要从下面几个方面设计。

　　首先是课堂中教师使用的数学任务的文本研究。从数学任务本身是否给学生提供了学习和思考的机会角度，从任务中"实际生活"背景知识使用、任务的表现形式、任务的认知水平三个方面去比较分析数学任务的特征（具体见第四章）。

　　其次是对整个课堂教学结构的研究，基于课堂中数学任务实施的三个阶段，从结构上比较两国课堂录像异同（具体见第五章）。

　　接着对任务实施中学生思维参与度变化的因素分析，对学生思维参与度的变化从任务认知水平的变化角度去体现。这部分研究对象是每个任务实施的录像片

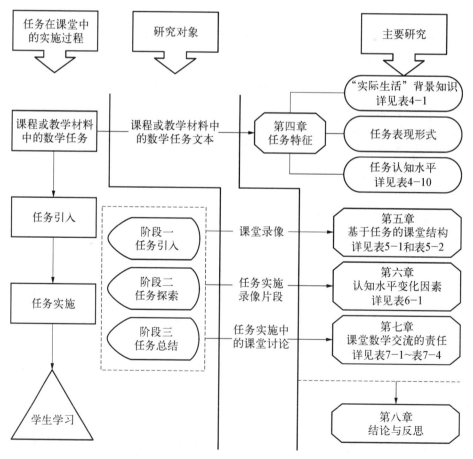

图3-2　研究框架

段(具体见第六章)。

最后从整节课堂录像中看任务实施过程中师生对课堂对话的责任。从两个方面去比较,第一是教师和学生对学习共同体建立的贡献的比较:在任务实施中,师生是否对更多的学生参与到学习中作出了贡献;第二是考查学生参与的质量及教师是否鼓励学生参与到更深层次的数学学习中(具体见第七章)。

具体的研究框架见图3-2。

三、各研究问题中具体研究工具设计

(一) 数学任务特征的研究设计与方法(第四章)

1. 拟解决的研究问题

研究拟解决:问题1　中美高质量课堂中数学任务的特征的异同。

又将问题1分解为:

(1)中美数学课堂中任务的"实际生活"背景知识使用的异同;

(2)中美数学课堂中任务的表现形式的异同;

(3)中美数学课堂中任务的认知水平的异同。

2. 本问题具体研究对象

本问题具体的研究对象是样本录像中所使用的数学任务的文本。

3. 本问题具体研究方法

对课堂录像中的数学任务的文本进行分析,从任务中"实际生活"背景知识使用、任务表现形式、任务认知水平等方面对中美课堂中的数学任务的特征比较研究。

4. 本问题研究目的

在中美的数学课堂的常态课教学中,教师选择和设计什么样的数学任务让学生参与到数学的学习之中?这样的数学任务到底给学生提供了多少机会参与到复杂的数学思维中呢?这就是本问题的重点,对数学任务的文本从三个方面比较研究,旨在从给学生提供机会使学生能参与到复杂的数学思维的角度去比较中美数学课堂录像中的数学任务。

(二) 基于任务实施的中美课堂结构比较研究设计与方法(第五章)

1. 拟解决的研究问题

研究拟解决:问题2　基于任务实施的中美高质量课堂结构的异同。

2. 本问题具体研究对象

选取的课堂录像样本。

3. 本问题具体研究方法

借鉴 TIMSS、LPS 及国内学者曹一鸣等的研究方法,采用录像编码分析方法,使用 Nvivo 软件对研究的样本编码分析,并借助质性分析及统计分析方法比较异同。

4. 本问题研究目的

通过录像分析,从数学任务实施的角度看中美数学课堂教学是否具有比较稳定的结构以及中美课堂教学结构上有什么异同。

(三) 任务认知水平的变化的比较研究设计与方法(第六章)

1. 拟解决的研究问题

研究拟解决:问题3 中美高质量课堂中数学任务的实施中任务认知水平的变化及变化因素的异同。

2. 本问题具体研究对象

本问题的研究对象是所选样本录像中的数学任务录像片段,根据第四章中的编码,运用 Nvivo 软件截取 30 节课堂录像中的每个数学任务的引入、探索及总结作为本问题研究对象。

3. 本问题具体研究方法

本问题主要采用录像观察法,通过对课堂录像中每个数学任务执行过程的分析,将数学任务认知水平的变化及变化的原因按照设计好的编码分类统计,从统计数据分析特点及差异。

4. 本问题研究目的

从将任务介绍给学生,到学生最终完成了什么样的任务,此过程中任务本身、教师、学生等因素影响任务认知水平的变化。从任务认知水平变化的角度去观察中美数学课堂,确定任务认知水平的变化情况及变化的原因,比较两者之间的差异。

(四) 师生对课堂数学交流的责任研究设计与方法(第七章)

1. 拟解决的研究问题

研究拟解决:问题4 中美高质量课堂中任务实施过程中师生对课堂交流责任的异同。

又将问题4分解为:

（1）中美高质量课堂中任务实施过程中师生对学习共同体建立贡献的异同；

（2）中美高质量课堂中任务实施过程中师生对高效交流的贡献的异同。

2. 本问题具体研究对象

所选样本录像中的课堂交流部分。

3. 本问题具体研究方法

本问题采用录像分析法对样本录像评分，并利用统计方法比较差异。

4. 本问题研究目的

着眼于课堂教学任务实施过程中教师和学生的互动交流对于精确知识和严密思维的贡献。所以，从师生对学习共同体创建的贡献及师生对高效数学交流的责任分析研究。师生对学习共同体的创建主要有两个量表：教师对学习共同体建立的贡献和学生对学习共同体建立的贡献；师生高效交流的贡献主要也有两个量表：教师对高效交流的贡献和学生对高效交流的贡献。

第四节　研究流程

第一步，根据美国范德堡大学 MIST 项目组对美国课堂录像的评分，选出美国的 15 节课堂录像。再根据中国北京师范大学 MIST-China 项目组成员对中国课堂的录像评分及专家评议选出 15 节中国课堂录像。

第二步，阅读中外文献及反复观看中美课堂录像，设计研究工具。

第三步，根据研究工具和每章具体的研究问题，选取每章节的研究对象并分析。观看录像，借助课堂教学中使用的教学材料，记录中美各 15 节课堂中的数学任务，并根据研究工具，分析比较中美课堂中数学任务的特征。

第四步，在各个问题的研究过程中，再抽取研究对象的 20% 的样本量，重新编码，检验评分者的外部信度。

第五步，运用"课堂结构"的编码体系对中美的 30 节课堂录像编码，通过软件输出的数据比较，得出中美数学课堂基于任务的课堂结构上的异同。同时，将课堂录像按照每个任务的实施切分成录像片段。

第六步，根据第五步的工作，以每个任务的实施录像片段为研究对象，运用任务认知水平变化因素的编码，分析比较任务认知水平变化的情况。

第七步，以整个课堂录像中的课堂数学交流为研究对象，分析比较中美师生对课堂数学交流的责任。

第四章 / 中美课堂中数学任务特征比较研究

NCTM[121]提出：有价值的任务不仅能给学生提供机会拓展他们所知道的，也能激励和促进他们的学习。学者多伊尔[29]指出任务可以影响学生，不但可以将他们的注意力引导到内容的某一特定的方面，而且还能引导学生通过指定的方式处理信息。很多学者的研究结果也表明选择和建立合适的数学任务是有效教学的重要因素之一[29-30,44]。《义务教育数学课程标准（2011年版）》指出：学生只有亲身参与教师精心设计的教学活动，才能在数学思考、问题解决和情感态度方面得到发展。教师应该设计有助于促进思维的问题，要留给学生参与教学活动的空间和时间。在课堂教学的过程中要"激发学生的兴趣""引发学生的思考"；特别是"引发学生的思考"，数学思考是数学教学中最有价值的行为；数学教学中，学生对题型的模仿、对类型的强化、对技能的操练等固然重要，但这些措施如果离开了数学思考，将没有什么意义。数学的学习中，有思考才能发现问题，才能学会反思，才能学会思考问题，才能真正体会与领悟到数学的本质价值及数学的美与魅力，也才能在数学上有所创新。注重数学思考即课堂教学中关注学生思维的参与度。

数学任务在课堂中的作用毋庸置疑，全数学教育界的学者对数学任务的研究非常多，本章将对中美数学课堂中使用的数学任务分析比较。比较的内容和维度来自数学教育研究的热点部分，比如数学任务中"实际生活"背景知识的使用情况，课堂中的数学任务的作用是什么，特别是数学任务的认知水平的特征。

第一节　任务中"实际生活"背景知识使用的比较

一、任务中"实际生活"背景知识使用的分类

《义务教育数学课程标准(2011年版)》[28]的理念倡导课程内容的选择要"贴近学生的实际,有利于学生体验和理解、思考和探索",而且《义务教育数学课程标准(2011年版)》[28]对于课程内容的组织要求是:"重视过程,处理好过程与结果的关系;要重视直观,处理好直观与抽象的关系;要重视直接经验,处理好直接经验与间接经验的关系",课程内容的呈现应注意层次性和多样性。

TIMSS 1999[63]对所参与七个国家和地区的八年级的数学课堂录像中数学问题与实际生活的联系研究,将数学问题分为仅用抽象语言所描述的"纯数学问题"及与实际生活相联系、以实际生活为背景的数学问题两类,研究发现数学教学中以实际生活为背景知识的数学问题所占的比例为9%～42%,平均值为22%。

国内学者曹一鸣[25,122]等对现行数学教学中的创设问题情境以及密切联系生活的看法的调查研究发现,中国课堂教学中以实际生活为背景的数学问题占11%,大部分教师对数学回归生活的做法持肯定的态度;但同时认为,教师在实际教学中,为了"联系生活"而联系生活,增加许多实际生活的背景知识内容,存在形式化的倾向,冲淡了数学,影响了教学目标的达成。

荷兰著名的数学教育家弗赖登塔尔(H. Freudenthal)主张数学教学中的"情境化",在他看来,任何数学都是数学化的结果,即对现实世界场景的逐渐抽象和形式化的结果,所以学生的数学学习的过程也需要从实际情境开始,是逐渐把实际生活情境化再数学化的过程。

上面的文献中对数学教学中的"生活化"和"数学化"问题的研究,均是从两个方面来研究:纯数学问题及与实际生活相联系的数学问题。其中与实际生活相联系的数学问题有区别,比如,有的问题仅提到一个实际生活的物品或者事件,本质上是解决一个数学问题,而有的问题则给出一个生活化的情景,要求学生利用数学知识去解决一个具体的生活问题。为了比较中美数学课堂教学中教师所选取的数学任务与实际生活联系的区别,将从三类对所有的数学任务比较研究,具体见表4-1。

表 4-1　数学任务中"实际生活"背景知识使用量表

数学任务类别	解　　释	举　　例
传统数学	数学任务的描述仅使用抽象的数学语言,即纯数学问题	等腰三角形的一边长为 10 cm,另一边长是 5 cm,则它的周长是＿＿＿＿
生活中的数学	数学任务的描述中,仅指出了与"实际生活"相关的事件或物品,本质是解决一个数学问题	通过折纸探索等腰三角形的定义及性质
数学应用于生活	运用数学知识解决具体的实际生活中的问题	你想知道我们全班同学对新闻、体育、动画、娱乐、戏曲五类电视节目的喜爱情况,你会怎么做

二、中国课堂任务中"实际生活"背景知识的使用

(一)中国课堂中数学任务的量

中国的 15 节数学课堂共有 129 个数学任务。中国课堂中数学任务的量如表 4-2 所示,可以发现一堂课中最少解决 5 个数学任务,最多解决 17 个数学任务,平均一节课解决 8.6 个数学任务。

表 4-2　中国课堂中数学任务的量

录像编号	数学任务的量	录像编号	数学任务的量
CN1	8	CN9	9
CN2	7	CN10	12
CN3	7	CN11	10
CN4	9	CN12	8
CN5	6	CN13	9
CN6	8	CN14	17
CN7	5	CN15	7
CN8	7	总量	129

(二)任务中"实际生活"背景知识的使用数据及特点分析

1. 数据统计

将中国各节数学课堂中的数学任务按照"实际生活"背景知识使用量表分类,得到相关统计数据见表 4-3。

表 4-3　中国课堂数学任务中"实际生活"背景知识的使用次数统计

录像编号	传统数学	生活中的数学	数学应用于生活
CN1	6	2	0
CN2	6	0	1
CN3	1	4	2
CN4	8	1	0
CN5	4	1	1
CN6	7	1	0
CN7	5	0	0
CN8	7	0	0
CN9	7	1	0
CN10	11	0	1
CN11	9	0	1
CN12	7	1	0
CN13	8	1	0
CN14	16	0	1
CN15	7	0	0
总量	109	12	8

2. 特点分析

（1）中国课堂中的数学任务"传统数学"最多

通过数据分析及录像观察，可以发现中国数学课堂中任务的"实际生活"背景知识的使用情况特征。中国课堂中的数学任务共 129 个，"传统数学"有 109 个，约占总任务量的 84.5%；"生活中的数学"共 12 个，约占总任务量的 9.3%；"数学应用于生活"共 8 个，约占总任务量的 6.2%。从图 4-1 中也可以清晰地看出，中国课堂中数学任务大部分是"传统数学"，而使用实际生活为背景的"生活中的数学"和"数学应用于生活"占少数。仅 CN3 课堂例外，CN3 共有 7 个数学任务，其中 1 个是"传统数学"，4 个是"生活中的数学"，2 个是"数学应用于生活"，需要指出 CN3 是统计调查的第一节课。

CN3 这节课是七年级的"第十章　数据的收集、整理与描述"中的"第一节统计调查"的第 1 课时，统计调查中需要经历收集、整理、描述数据的活动，所以需要设计更多的与实际生活相关的活动。比如这节课中的第一个任务：你想知道我

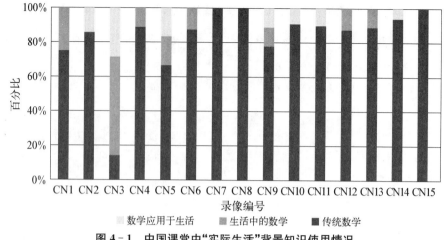

图 4-1　中国课堂中"实际生活"背景知识使用情况

们全班同学对新闻、体育、动画、娱乐、戏曲五类电视节目的喜爱情况,你会怎么做? 此任务即是要求学生运用数学知识解决实际生活的问题。

CN2 这节课的内容是"角平分线的性质定理",给出一个数学任务:

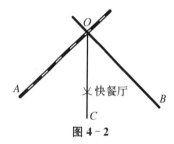

图 4-2

如图 4-2,铁路 OA 和公路相交于点 O,在 $\angle AOB$ 的平分线 OC 上有一家快餐厅,为了方便乘客用餐,餐厅经理希望餐厅到公路与铁路的距离相等,请问:现在的地址满足要求吗?

此任务让学生解决一个实际问题。

再如,CN4 中的第一个学习任务:通过手中的三角形的折纸探索等腰三角形的定义及性质,说得越多越好。此任务和上面的不同之处是它仅指出了与"实际生活"相关的物品:三角形的折纸,本质是解决一个数学问题。

再如,CN5 中:在小车下滑的过程中,出现的两个变量,指出哪个是自变量、哪个是因变量。和 CN4 的例子一样,指出与"实际生活"相关的一个事件:小车下滑,但实际上是理解数学的两个概念:自变量和因变量。

(2) 中国课堂中"数学应用于生活"的任务一般是为了引入新知识

中国 15 节的课堂录像中,共有 8 个"数学应用于生活"的数学任务。仔细观看课堂录像,分析这 8 个数学任务的特征发现,中国课堂中的"数学应用于生活"的数学任务的作用大部分是为了引入新知识。还有极个别是在复习和练习中出现。

例如,前文 CN2 中的数学任务,是一个要求学生利用所学的数学知识解决实际生活的问题,从后来任务的实施过程中可以看出,教师用这样一个生活化、情境化的例子是为了引入新知识:角平分线的性质定理。

再如,前文 CN3 中的数学任务,引出后,教师接着说"为了解决这样的问题,就需要统计调查,也就是我们今天所要学的知识"。所以,此数学任务的例子是为了引入课堂教学。

同样,CN10 中:有 1 000 张数码照片,这种数码照片的文件大小是 2^8 K,一个存储量为 2^6 M(1 M $= 2^{10}$ K)的移动存储器能存储这些数码照片吗?此任务在课堂的开始给出,当学生猜测出答案的时候,教师并没有直接解决,而是引出这节课的内容:同底数幂的除法。此任务虽然是学习任务中的一种,但更重要的价值在于将新知识引入课堂。

CN11 中:木星的质量约是 1.9×10^{24} 吨,地球的质量约是 5.98×10^{21} 吨,你知道木星的质量约为地球质量的多少倍吗?此任务为了引入新内容:单项式除以单项式。

CN14 中:学校为响应绿色校园的称号,修建了三块长方形的绿化草坪,它们的长都是 k,宽分别是 a, b, c,那么这些绿化草坪的面积之和是多少?在课堂教学中,通过此例子引入因式分解。

三、美国课堂任务中"实际生活"背景知识的使用

(一) 美国课堂中数学任务的量

美国 15 节数学课堂共有 39 个数学任务,表 4-4 显示每节课中的数学任务的量。其中,有 3 节课只解决 1 个数学任务,最多一节课解决 6 个数学任务,平均一节课解决 2.6 个数学任务。

表 4-4　美国课堂中数学任务的量

录像编号	数学任务的量	录像编号	数学任务的量
US1	2	US9	2
US2	1	US10	2
US3	3	US11	3
US4	6	US12	3
US5	3	US13	3
US6	4	US14	2
US7	3	US15	1
US8	1	总量	39

（二）任务中"实际生活"背景知识的使用数据及特点分析

1. 数据统计

对美国各节数学课堂中的数学任务按照"实际生活"背景知识使用量表分类，得到相关统计数据见表 4-5。

表 4-5　美国课堂数学任务中"实际生活"背景知识的使用次数统计

录像编号	传统数学	生活中的数学	数学应用于生活
US1	1	1	0
US2	0	0	1
US3	1	1	1
US4	1	2	3
US5	0	0	3
US6	3	1	0
US7	1	0	2
US8	0	0	1
US9	1	0	1
US10	1	1	0
US11	3	0	0
US12	1	0	2
US13	1	0	2
US14	1	1	0
US15	0	0	1
总量	15	7	17

2. 特点分析

（1）美国课堂中的大部分数学任务与"实际生活"相关

通过数据分析及录像观察，可以发现美国数学课堂中任务的"实际生活"背景知识的使用情况特征。美国课堂中的数学任务共 39 个，"传统数学"有 15 个，约占总任务量的 38.5%；"生活中的数学"共 7 个，约占总任务量的 17.9%；"数学应用于生活"共 17 个，约占总任务量的 43.6%。不管是"生活中的数学"还是"数学应用于生活"，均是与"实际生活"背景知识相关的数学任务，从这两类数学任务占总任务量的份额上，可以发现数学教学中的数学任务的"生活化"水平。如果将每节课的任务量看作整体"100%",从图4-3可以看出每节课的各类别的数学任务在每节课的任务量中所占的比例,显示美国数学课堂中的数学任务主要解决实际生活问题。仅US11是只解决了"传统数学"的数学任务,但有4节课只要求学生完成"数学应用于生活"的任务。

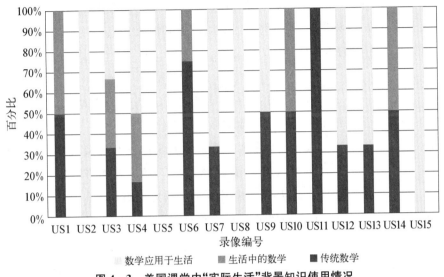

图4-3　美国课堂中"实际生活"背景知识使用情况

US2中的唯一一个学习任务:

舞会募捐

学校在情人节的时候要举办一个情人节舞会。为了能给情人节舞会请一个非常好的DJ(唱片骑师),三名组织者罗萨尔芭、拿单、詹姆决定在情人节舞会前一周在学校的自助餐厅举办一个马拉松舞会,根据跳舞者所跳的时长收取一定的费用为情人节舞会筹集资金。罗萨尔芭的计划是每个来舞会的跳舞者每人每小时收取3美元;拿单的计划是先让每个跳舞者交5美元,然后根据跳舞者跳的时长每人每小时1美元来收取费用;詹姆的计划是先让每个跳舞者交8美元,然后根据跳舞者跳的时长每人每小时0.5美元来收取。

(1) 如果三个学生的计划均有一位教师响应,试用至少三种方法来比较三个学生所筹集的钱数。

(2) 解释在(1)中运用的每种方法中的"每小时收入的量"。

(3) 解释在(1)中运用的方法中,拿单和詹姆要求跳舞者先交的固定数额。

(4) 如果每个跳舞者均跳24小时,试用(1)中所选择的方法计算三个学生能

筹集到的资金数额。

（5）谁的计划最好？请说明你的理由。

此数学任务是为舞会筹集资金，让学生利用学过的数学知识分析比较三种计划的优劣。在解决实际问题的过程中，要求学生运用列表法、图像法、一次函数的解析式三种方法，深刻理解一次函数的概念、图像和性质。

再如，US11中的数学任务：

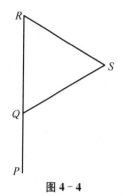
图4-4

（1）如图4-4所示图形 PQRS 是一个旗帜，这个旗帜图形是一个中心对称图形吗？为什么？

（2）如果将旗帜图形 PQRS 以点 P 为旋转中心逆时针方向旋转60度得到图形 PQ´R´S´，画出新图形和图形中的角度及线段长度，并解释你是怎么确定图形中的点的。

（3）新图形及原来的图形所组成的新图形是不是一个中心对称图形？

（4）将旗帜图形沿着点 P 旋转多少度可以使组合的新图形是中心对称图形？

（5）你能设计让原来的图形与围绕点 P 旋转出的图形组合成的图形是中心对称图形吗？如果不能，请说明理由。

此任务中使用了一个实际生活的物品：旗帜。但任务中要解决的问题均是数学问题。

（2）美国课堂中的"数学应用于生活"的数学任务是利用数学解决实际生活问题

观察美国课堂录像并分析数学任务的文本，15节数学课堂录像中，有17个是"数学应用于生活"的数学任务，占总任务量的43.6%，而且这些任务大部分是学习任务，有极少的是练习任务。有一些是课堂中唯一的一个数学任务：如US2、US8、US15、US5等。这些数学任务要求学生利用已学过的数学知识解决一个具体的情景问题，并在解决的过程习得新的数学知识，深化对新知识的认识。

如上面的US2中的"舞会募捐"的例子。再如US8中，选取巧克力的问题。尚塔准备了一盒五彩的巧克力，作为"情人节礼物"送给她最好的朋友。她准备让她的朋友闭上眼睛随意选择两块巧克力。但现在有一个问题，她的好朋友不喜欢黑巧克力,但她的一盒巧克力里有三块黑巧克力。尚塔非常担心,如果她的好朋友没有选到黑巧克力,一整天肯定会非常高兴,如果她的朋友选到一块黑巧克力,她的心情还可以,但如果她朋友恰好选到两块黑巧克力,那她的朋友就会很不高兴。

任务:尚塔需要担心吗?她的好朋友的情人节一天的心情会是怎么样的,非常高兴、可以还是很不高兴?

此任务是课堂中的唯一一个数学任务,它描述了一个实际生活中可能发生的情景,让学生从情景中去学习概率的知识,并解决生活中的困惑:尚塔是否需要担心。

不仅概率与统计应用到实际生活的问题,代数与几何部分也与解决实际生活问题密切相关。如 US5 中,关于百分比的计算。教师给出了解决实际生活的例子让学生解决。吉尔在一个商店里想买一张唱片,这张唱片的标价是 7.5 美元[1],他至少要带多少钱才能买到这张唱片?此问题涉及的实际生活背景知识是"税率"的问题,了解了"税率"就了解了百分比这个概念的含义,解决了此问题就明白了百分比的计算问题。

四、中美课堂任务中"实际生活"背景知识的使用差异

1. 中国课堂中任务量比美国课堂的任务量多

从上面的数据可以看出,中国的 15 节数学课堂一共有 129 个数学任务,平均每节课解决 8.6 个;而美国的 15 节课中有 39 个数学任务,平均每节课解决 2.6 个数学任务。从平均解决的数学任务的数量上,中国每节课要比美国平均多解决 6 个数学任务。

2. 中国课堂多解决纯数学问题,美国课堂多解决实际生活问题

分别计算中美课堂中的三类数学任务所占总任务量的百分比,图 4 - 5 显示两国的数学任务中"实际生活"背景知识的使用情况差异。中国课堂多解决抽象数学语言描述的"传统数学"问题,最少的是解决实际生活的问题的"数学应用于生活"。而美国课堂中解决最多的数学任务是"数学应用于生活",其次是"传统数学"任务,最少的数学任务是"生活中的数学"。此研究结果与有学者对美国数学教科书的研究结果一致:美国的数学教科书以"探究"的方式解决实际问题,在探究中学习数学知识[123]。

---

〔1〕 美国商店中商品标价是不含税的价格,结账时需加上商品的税额。

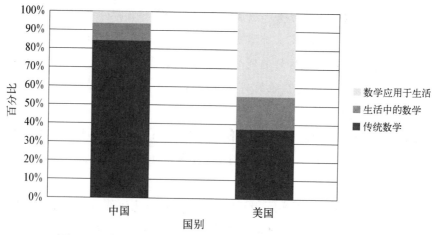

图 4‑5　中美课堂任务中"实际生活"背景知识使用百分比比较

3."数学应用于生活"的数学任务使用有差异

从前文的分析可以看出,中国课堂中的 8 个"数学应用于生活"的数学任务在课堂中的作用多是为了新知识的引入,这样的引入包含两种,一种是本节课内容的引入,即将一个具体的实际生活问题放到课堂开始的第一个任务位置,让学生察觉到实际生活中有这样的问题需要解决,但以前所学过的数学知识不足以解决这个问题,必须需要新知识才能解决实际生活的问题,进而进入课堂的主要内容,如CN10 中,要解决 1 000 张数码照片能不能放进一个移动存储器中的问题,引入这节课的新知识:同底数幂的除法。这样的引入叫做"情境引入",是中国课堂中的一个特殊部分。另一种是为了要学习的新知识的引入,如 CN11 中,从如何求木星与地球的质量的倍数关系引入"单项式除以单项式"这一知识点。

美国课堂中的"数学应用于生活"的数学任务是真的在解决实际生活问题,锻炼学生解决实际问题的能力,并在解决的过程中学习和应用新知识。如 US15 的走路比赛,埃米尔的步行速度是 2.5 m/s,他的弟弟亨利的步行速度是 1 m/s,一天弟弟亨利向哥哥埃米尔发起一个走路比赛的挑战。因为埃米尔的速度比较快,他让亨利先走 45 m。埃米尔知道亨利想在这场比赛中获胜,如果这个比赛的路程非常短,亨利一定赢,他又不想让亨利赢得很轻松,那么选择怎么样的一个比赛路程可以使比赛的结果很接近? 解释你的结论。此任务要通过线性关系式解决一个实际生活的问题,学生可以根据自己知识的最近发展区,选择合适的方法去解决这个问题。列表法、图像法或者用一次函数的解析式法,通过整节课的教学,总结学习一次函数的知识。这个任务也是一节课的唯一一个数学任务。再如 US2 的"舞会募捐"等。

中美两国的"数学应用于生活"的数学任务的实施过程,各有千秋。数学与现实生活息息相关,数学知识来源于现实生活,生活中处处皆有数学。《义务教育数学课程标准(2011 年版)》中,建议教科书所选取的素材应尽量来源于自然、社会中的现象和问题,教学中应引导学生体验如何发现问题,如何把实际问题变成数学问题,通过教学活动,让学生逐步积累运用数学解决问题的经验。在具体的课堂教学中,怎么设计与实际生活相关的数学知识的教学活动,更好地实现教学目标,是一个值得思考的问题。

第二节　数学任务表现形式的比较

一、数学任务表现形式的分类

观察中美的数学课堂录像发现,数学任务在课堂中出现的位置及其使用的目的是不相同的。美国课堂中开始阶段,教师经常给学生布置 1～2 个数学问题让学生自己思考以便很快进入课堂学习的状态,此种数学活动叫做"热身"。课堂中的这一活动称为"热身任务"。但中国课堂的开始阶段,有的教师是提问学生上节课或者以前学习的旧知识,有的教师是通过几个上节课学过的练习题来复习旧知识,这类数学活动称为"复习旧知识"。此类活动通过单个或一串的问题将学生的注意力集中到复习旧知识上,这类课堂活动称为"复习任务"。在课堂的开始阶段,还有一类活动是教师引导学生进入教学主题,这类课堂活动称为"导入任务"。数学课堂中最重要的活动是新知识的学习,中美的课堂中在处理新内容的学习上也有差异,特别是在中国课堂上,教师将本节课需要学习的新概念、定理、法则等作为数学任务让学生学习,学完新知识之后会给学生一个或者几个例题,让学生运用新知识解决,之后还会给出几个练习题,让学生课堂上完成。课堂上将学生的注意力集中到新知识的习得上的课堂活动称为"学习任务",相应地,将学生的注意力集中到运用新知识或练习新知识的课堂活动称为"练习任务"。结合中美数学课堂各自对数学任务的处理,将数学任务从表现形式上分为热身任务、导入任务、复习任务、学习任务、练习任务。

二、中国课堂中的数学任务的表现形式

1. 数据分析

对中国的 15 节课堂中的 129 个任务按照任务的表现形式分类,表 4 - 6 表示

各节课中的数学任务的各类数量统计表。

表4-6　中国课堂数学任务的表现形式数据统计

录像编号	热身任务	导入任务	复习任务	学习任务	练习任务
CN1			2	5	1
CN2			1	3	3
CN3				4	3
CN4				5	4
CN5			2	2	2
CN6			1	3	4
CN7			1	4	
CN8			3	3	1
CN9			1	2	6
CN10		1	3	4	4
CN11			2	2	6
CN12			1	3	4
CN13			1	3	5
CN14	1		1	3	12
CN15			1	1	5
总　量	1	1	20	47	60
百分比	0.8%	0.8%	15.5%	36.4%	46.5%

2. 特点分析

从上面的数据及图4-6可以清晰看出,中国课堂数学任务大部分是学习任务和练习任务,练习任务比学习任务高10多个百分点,练习任务比学习任务多13个,平均每节课约多0.9个。根据分类,学习任务包含了例题及新概念、定理、法则等的学习,所以推断例题的数量要比练习的数量少。

课堂上新知识的获得和巩固主要依靠学习任务和练习任务,中国课堂的学习任务和练习任务约占总任务量的83%,复习任务、热身任务及导入任务仅约占17%,特别地,热身任务和导入任务在中国课堂中均只出现了一次。

15节课堂录像样本中,仅有CN7这节课在课堂上没有练习任务,CN7是"平行线的性质"的第二节课,是学习完平行线性质后的定理应用,是对前面性质定理的巩固。

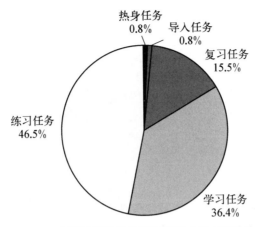

图 4-6 中国课堂数学任务表现形式所占百分比

三、美国课堂中的数学任务的表现形式

1. 数据分析

对 15 节美国数学课堂中的数学任务按照表现形式分类,表 4-7 是各节课中数学任务的各类数量统计表。

表 4-7 美国课堂数学任务的表现形式数据统计

录像编号	热身任务	导入任务	复习任务	学习任务	练习任务
US1			1	1	
US2				1	
US3	1			1	1
US4	1			4	1
US5				2	1
US6	1			3	
US7	1			1	1
US8				1	
US9			1	1	
US10	1			1	
US11			1	1	1
US12	1			2	

（续　表）

录像编号	热身任务	导入任务	复习任务	学习任务	练习任务
US13	1			1	1
US14	1			1	
US15				1	
总　量	8	0	3	22	6
百分比	20.5%	0%	7.7%	56.4%	15.4%

2. 特点分析

从图4-7可以看出,美国课堂数学任务中学习任务占大部分,约占总任务量的56.4%,其次是热身任务,约占总任务量的20.5%,再次是练习任务及复习任务,分别约占总任务量的15.4%和7.7%。课堂中学习和巩固新知识主要依赖学习任务和练习任务,约占总任务量的72%,美国课堂的热身任务和复习任务约占了总任务量的28%。

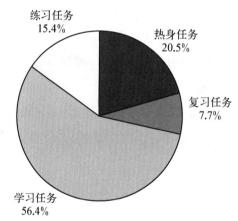

图4-7　美国课堂数学任务表现形式所占百分比

四、中美课堂中数学任务表现形式的差异

图4-8是中美课堂中各表现形式的任务占总任务量的百分比的对比图。从中可以看出中美课堂中的任务表现形式有如下的差异:

1. 中国课堂中的练习任务占比最大,美国课堂中的学习任务占比最大

中美课堂中的数学任务所占百分比最大者是不同的,中国课堂的练习任务占总任务量的百分比最大,而美国课堂的学习任务占总任务量的百分比最大。

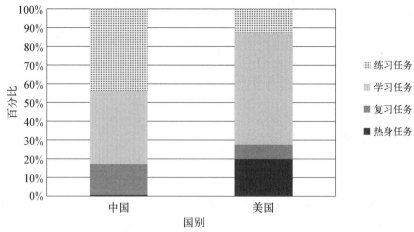

图 4 - 8　中美课堂数学任务表现形式的比较

2. 中国课堂上新知识的获得和巩固的量比美国课堂高

课堂上新知识的获得和巩固需要通过学生参与到学习任务和练习任务中,从学习任务和练习任务之和占总任务量的百分比来看,中国课堂上约 83% 的数学任务与本节课新知识学习有关,而美国课堂上仅有约 72% 的数学任务与本节课新知识学习相关。从这方面看,中国课堂上处理新知识的获得和巩固要比美国课堂多。

3. 中国课堂的复习任务与美国课堂的热身任务相当

中国课堂的开始阶段一般是"复习旧知识"环节,而美国课堂大部分开始于"热身"环节,而且两者的任务量所占总任务量的比重也大体相当:中国课堂的复习任务约占总任务量的 15.5%,美国课堂的热身任务约占总任务量的 20.5%。

4. 中国课堂除热身任务外其他任务量均高于美国

从图 4 - 9 中可以看出,中国课堂上除热身任务之外,其他表现形式的任务总

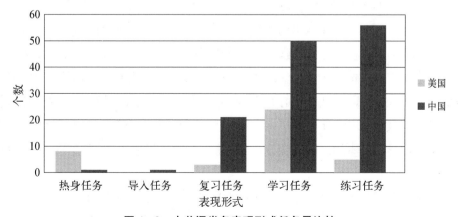

图 4 - 9　中美课堂各表现形式任务量比较

量均高出美国课堂的任务总量。虽然中国课堂时间比美国课堂短,但中国课堂上
解决的数学任务绝对量要比美国课堂高出很多,差距最大的是练习任务。在中国
课堂上,一共有 60 个练习任务,平均每节课有 4 个练习任务;在美国课堂上,15 节
课中仅有 6 个练习任务,平均每节课有 0.4 个练习任务。

第三节　任务认知水平的比较

并不是所有的数学任务都能给学生提供平等的学习机会,从任务的认知水平
上看,高认知水平的数学任务具有激发学生参与到复杂的数学思考与推理的潜能,
低认知水平的数学任务则侧重于记忆或者利用步骤解决问题。但不建议所有的课
堂都必须使用高认知水平的任务,任务的选择需要和各节课堂的教学目标一致。
低认知水平的数学任务是数学学习的基础,如果一节课的目标是让学生记忆基础
概念、法则等,那么选择记忆性的数学任务比较合适。但为了让学生掌握具有高度
抽象性、严密逻辑性、广泛应用性的数学学科,还是需要学生参与到能让他们对数
学概念、过程、关系等有更深刻或者一般性的理解的活动中[31],鼓励学生进行高层
次的思维和推理。课堂教学中应精心安排各种认知水平的数学任务,依据不同的
教学目的,为学生提供各层次的思考和推理的机会。下面将从课堂中所选择的数
学任务给了学生多少思考和推理的机会上去比较两个国家的异同。

一、数学任务认知水平的量表设计

数学任务的选择与设置是成功数学教学的至关重要的一部分[30,44-45],多伊
尔[29,44]认为学生学习了什么很大程度上取决于教师给予他们的任务,亨宁森和斯
坦[46]认为在数学课堂中运用的数学任务限制或者开阔学生所参与的学科内容知识。

课堂中教师应精心安排数学任务,为学生提供高层次的思维和推理,去理解主
要的数学概念、公式、定理等核心知识,促进学生用数学语言和数学符号对任务情
景建模,学习数学知识,体会数学思想和方法,发展学生的思维。日积月累,将课程
标准中所倡导的基本理念融入课堂中,鼓励学生养成积极主动、独立思考、认真探
索的习惯。

从学生完成数学任务所需的思维过程视角可以将数学任务分为四个水平[31]:
记忆型任务、无联系的程序型任务、有联系的程序型任务、做数学的任务,其中前两

类是低认知水平的任务，后两类是高认知水平的任务（表4-8）。

表4-8　斯坦任务认知水平分类

低认知水平任务	高认知水平任务
记忆型任务 ●回忆以前所学过的事实、法则、公式、定义或者记住以前所学过的事实、法则、公式、定义 ●不能使用程序解决问题，因为程序不存在或者完成任务所需要的时间太短，来不及使用程序 ●清晰的任务——这些任务包含对以前所学材料的重复复制，而且明确直接地表述需要复制的内容 ●与所学过的事实、法则、公式、定义所蕴含的概念或者意义没有联结	有联系的程序型任务 ●任务强调学生对程序的使用以发展学生对数学概念和想法更深层次的理解 ●任务暗示一条明确的或者模糊的路径可以遵循，这条路径可以缩小算法，与隐含的概念想法有一定的联系，但隐含的概念想法是不明确的 ●任务可以有多种表征形式（比如，直观的图表、学具、符号、问题情境）。运用多种表征形式的联结促进理解能力的发展 ●任务需要一定的高层次的思考和推理。尽管有一半的路径可以遵循，但要使用这些路径学生必须进行高层次的推理和思考 ●为了能使学生成功地完成任务，必须让学生从步骤中所蕴含的概念出发，发展学生的数学理解力
无联系的程序型任务 ●算法化。任务要求使用特殊的程序或者前面的教学、经验或任务的布局，提供解决问题的公式和步骤 ●任务的完成对认知要求非常有限——任务很清晰说明了该做什么和怎么做 ●任务与所使用的程序暗含的概念或者意义没有联结 ●任务强调正确答案的获得而不是发展学生的数学理解能力 ●任务不要求解释或者任务所要求的解释仅局限在对使用程序的描述	做数学的任务 ●任务要求使用复杂的和非算法的思想（任务中没有明确地暗示一个可预见的、精心排练的方法或途径，没有任务的说明书，没有已完成的例子） ●任务需要学生去探索和理解数学概念、步骤、关系之间的本质 ●需要学生对自己的认知过程的自控和自律 ●要求学生在解决任务的过程中接触和适当使用相关的知识和经验 ●要求学生分析任务并能主动地检查任务中可能约束结果和策略的条件 ●任务需要相当多的认知努力，由于要求的解法过程的不可预测性，任务可能还包含学生某种程度的焦虑

TIMSS 对于数学任务的分类跟斯坦等人的分类比较相似，他们将数学任务分为：联结、应用程序、表述概念，并将这三类任务分为高、中、低三个水平。

表4-9　波士顿任务认知水平分类

水平4	任务有可能让学生参与探索和理解数学概念、程序或者关系。比如： ●做数学：使用复杂的和非算法的思想（任务中没有明确地暗示一个可预见的、精心排练的方法或途径，没有任务的说明书，没有已完成的例子） ●步骤之间有关联：使用一个广泛使用的并且与数学概念紧密相关的一般步骤 任务必须明确让学生提供推理和理解的证据。例如，任务可能要求学生： ●运用推理解决一个现实生活中真实的、富有挑战性的问题

水平 4	●解释为什么能够使用公式或者步骤的原因 ●识别各种模式，并把它们归纳概括成一般化形式 ●提供支持结论的数学证据或数学解释 ●把数学概念、数学关系、数学步骤、表征、策略清晰地联系起来 ●按照规定的步骤，解释或说明数学概念、过程、数学关系
水平 3	任务能让学生参与到复杂的对数学概念、步骤、关系等的推理与思考中，但不能达到"水平 4"，因为 ●任务不明确要求学生提供推理和理解的证据 ●学生可能被要求从事"做数学"或"数学策略间的关系"，但任务中的数学不适合特定群体的学生 ●学生需要识别模式，但不需要对模式进行一般化或者说明得到模式的理由 ●学生被要求运用多种数学策略或者数学表达，但并没有清楚地要求学生提供各种不同数学策略或者数学表达之间的关系 ●学生可能会被要求猜测，但不要求提供支持结论的数学证据或数学解释
水平 2	任务仅让学生参与到利用指定的步骤解决问题，并不要求学生将所利用的步骤及其所蕴含的概念或者意义联系起来（比如，应用一个特殊的解决问题的方法或联系一个公式等），或有证据来说明此任务内容低于本年级学生两个年级的内容
水平 1	任务仅让学生参与到回忆回答事实、规则、公式或者定义等。任务不要求学生将所回答的事实、规则、公式等及其所蕴含的概念或者意义联系起来
水平 0	任务中不涉及数学活动
N/A	学生没有参与数学任务

表 4-9 所表示的量表在斯坦的基础之上，水平 4 对应"做数学"，水平 3 对应"有联系的程序型"，水平 2 对应"无联系的程序型"，水平 1 对应"记忆型任务"，又稍加修改。水平 3 和 4 的区别在于：数学任务中蕴含的数学推理的复杂性及对数学推理的解释的不同。但表 4-9 中的水平 1 和水平 2 又缺少了表 4-8 中低认知水平的部分情况，比如，水平 1 中缺少"不使用程序解决问题是因为程序不存在或者时间太短来不及使用程序"。所以，将表 4-8 中的低认知的两个水平作为新量表的水平 1 和水平 2。这样设计新的关于任务认知水平的量表（表 4-10）。

表 4-10　任务认知水平量表

水平 4 （做数学）	任务有可能让学生参与探索和理解数学概念、程序或者关系。比如： ●做数学：使用复杂的和非算法的思想（任务中没有明确地暗示一个可预见的、精心排练的方法或途径，没有任务的说明书，没有已完成的例子） ●步骤之间有关联：使用一个广泛使用的并且与数学概念紧密相关的一般步骤 任务必须明确让学生提供推理和理解的证据。例如，任务可能要求学生： ●运用推理解决一个现实生活中真实的、富有挑战性的问题

（续　表）

水平4（做数学）	● 解释为什么能够使用公式或者步骤的原因 ● 识别各种模式，并把它们归纳概括成一般化形式 ● 提供支持结论的数学证据或数学解释 ● 把数学概念、数学关系、数学步骤、表征、策略清晰地联系起来 ● 按照规定的步骤，解释或说明数学概念、过程、数学关系
水平3（有联系的程序型）	任务能让学生参与到复杂的对数学概念、步骤、关系等的推理与思考中，但不能达到"水平4"，因为 ● 任务不明确要求学生提供推理和理解的证据 ● 学生可能被要求从事"做数学"或"数学策略间的关系"，但任务中的数学不适合特定群体的学生 ● 学生需要识别模式，但不需要对模式进行一般化或者说明得到模式的理由 ● 学生被要求运用多种数学策略或者数学表达，但并没有清楚地要求学生提供各种不同数学策略或者数学表达之间的关系 ● 学生可能会被要求猜测，但不要求提供支持结论的数学证据或数学解释 ● 学生为了成功地完成任务和发展数学的理解必须参与到步骤所蕴含的概念上的想法之中，并没有要求学生提供理解的证据
水平2（无联系的程序型）	● 算法化。任务要求使用特殊的程序或者前面的教学、经验或任务的布局，提供解决问题的公式和步骤 ● 任务的完成对认知要求非常有限——任务很清晰说明了该做什么和怎么做 ● 任务与所使用的程序暗含的概念或者意义没有联结 ● 任务强调正确答案的获得而不是发展学生的数学理解能力 ● 任务不要求解释或者任务所要求的解释仅局限在对使用程序的描述（比如应用一个特殊的解决问题的方法或联系一个公式等）
水平1（记忆型）	● 回忆以前所学过的事实、法则、公式、定义或记住以前所学过的事实、法则、公式、定义 ● 不能使用程序解决问题，因为程序不存在或者完成任务所需要的时间太短，来不及使用程序 ● 清晰的任务——这些任务包含对以前所学材料的重复复制，而且明确直接地表述需要复制的内容 ● 与所学过的事实、法则、公式、定义所蕴含的概念或者意义没有联结
水平0	任务中不涉及数学活动

任务认知水平量表从学生完成数学任务所需的思考和推理的繁杂度上对数学任务分成5个水平，"水平3"和"水平4"要求学生进行高层次的思考和推理，也被认为是"高认知水平"任务，"水平2"和"水平1"侧重记忆或利用步骤解决问题，被称为"低认知水平"类任务。

二、中国课堂中任务的认知水平

1. 数据分析

根据任务认知水平量表（表4-10），将中国课堂中的数学任务编码，统计每节

课中各认知水平的任务量,并计算各水平数学任务所占比重,得到表4-11。

表4-11　中国课堂任务认知水平统计表

录像编号	水平0	水平1	水平2	水平3	水平4
CN1		2	3	1	2
CN2	1		2	3	1
CN3			6		1
CN4			4	3	2
CN5			1	3	2
CN6		1	2	3	2
CN7		1	0	3	1
CN8		2	2	2	1
CN9			5	2	2
CN10		3	5	1	3
CN11			9	1	0
CN12		1	5		2
CN13		1	5	1	2
CN14		1	11	5	0
CN15		2	3	2	0
总　量	1	14	63	30	21
百分比	0.8%	10.9%	48.8%	23.3%	16.3%

2. 特点分析

(1) 中国课堂的数学任务中"水平2"占比最高

如果将每节课中的总任务量记为100%,从认知水平方面计算每一类任务所占的百分比,可以得到图4-10,再结合表4-11,可以发现中国"水平2"类任务占总任务量的比例最高,接近一半;特别是CN3和CN11中,"水平2"类的数学任务占本节课总任务量的80%以上。其次是"水平3"类,约占总任务量的23.3%。再次是"水平4"类数学任务,约占总任务量的16.3%。占总任务量比例最少的是"水平0"类,中国课堂中仅有1个这类的数学任务。

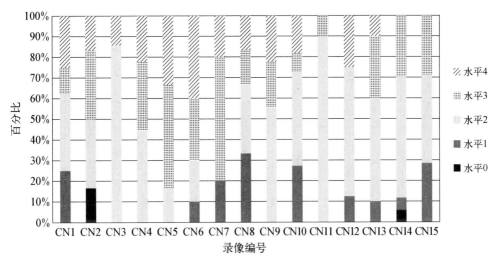

图 4 - 10　中国课堂中任务认知水平占百分比比较

（2）中国课堂的复习任务认知水平较低

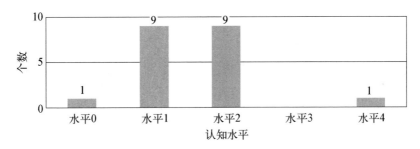

图 4 - 11　中国课堂复习任务认知水平分布

　　为了发现中国课堂中不同表现形式的数学任务在认知水平方面的特征，特别将中国课堂中的"复习任务""学习任务""练习任务"从认知水平方面统计，得到各类任务的认知水平的统计图。图 4 - 11 是"复习任务"的认知水平的统计图，图 4 - 12 是"学习任务"的认知水平的统计图，图 4 - 13 是"练习任务"的认知水平统计图。

　　从图 4 - 11 可以看出，中国数学课堂中的复习任务认知水平比较低，大多数为"水平 1"和"水平 2"。仅有 1 个复习任务的认知水平是"水平 4"。

　　（3）中国课堂的学习任务认知水平比较高

　　课堂上新知识的习得是重要的一个部分，所以有必要将中国课堂中所有的学习任务在认知水平上分析研究。将中国课堂中所有的学习任务从认知水平上统计分类，得到图 4 - 12，可以看出中国课堂中学习任务的认知水平以"水平 3"

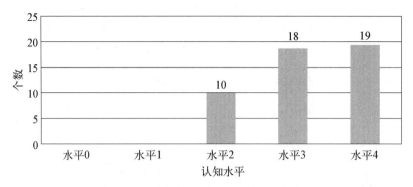

图4-12 中国课堂学习任务认知水平分布

和"水平4"居多,"水平3"和"水平4"类基本持平。"水平3"和"水平4"类数学任务被公认为是高认知水平的数学任务,从而看出,中国课堂的学习任务中,绝大多数是高认知水平的任务。中国课堂在新知识的习得方面给学生提供了高层次的思考和推理机会。学习任务中也存在"水平2"的数学任务,但不存在"水平1"的数学任务。

(4)中国课堂的练习任务以"水平2"居多

中国课堂中练习任务几乎占总任务量的一半,从认知水平分析练习任务的特征,可以间接窥视中国课堂中数学任务的认知水平特征。从图4-13中可以看出,中国课堂中练习任务"水平2"占大多数,其次是"水平3",从数量上看,"水平2"类的练习任务是"水平3"类练习任务的3倍多。另外,在所有的练习任务中,仅有1个练习任务的认知水平为"水平4"。

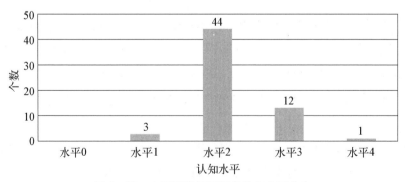

图4-13 中国课堂练习任务认知水平分布

(5)中国课堂中学习任务的认知水平高于练习任务的认知水平

中国课堂中学习任务的平均认知水平为3.3,练习任务的平均认知水平为2.2,学习任务的认知水平高于练习任务认知水平。学生学习新知识,需要思考和推理知识的来龙去脉,知其然并知其所以然,而掌握和巩固新知识,用已有的算法和程序可以解决,所以课堂教学中学习任务的认知水平高于练习任务的认知水平不足为奇。

三、美国课堂中任务的认知水平

1. 数据分析

根据任务认知水平量表(表4-10),将美国课堂中的数学任务编码,统计每节课中各认知水平的任务量,并计算各水平数学任务所占比重,得到表4-12。

表4-12　美国课堂任务认知水平统计表

录像编号	水平0	水平1	水平2	水平3	水平4
US1			1	1	
US2					1
US3			1	1	1
US4				5	1
US5			2		1
US6	1	1		1	1
US7			1	1	
US8					
US9				1	1
US10			1		
US11		1			2
US12		1		2	
US13			1		2
US14			1		
US15					1
总　量	1	3	8	12	15
百分比	2.6%	7.7%	20.5%	30.8%	38.5%

2.特点分析

(1) 美国课堂中高认知水平的数学任务比例最高

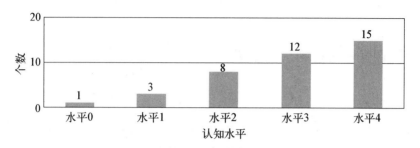

图 4-14　美国课堂任务认知水平分布

从表 4-12 和图 4-14 可以看出,美国课堂中任务认知水平的分布从"水平 0"到"水平 4"呈现越来越高的趋势,"水平 3"和"水平 4"被公认为是高认知水平的数学任务,占总任务量的比例较高,大约为 70%,其中占据比例最高的是"水平 4",约占总任务量的 38.5%,其次是"水平 3",约占总任务量的 30.8%,"水平 1"和"水平 2"为低认知水平的数学任务,在美国课堂中比较少见,更少见的"水平 0"类数学任务,15 节课中仅有 1 个。

(2) 美国课堂中复习任务认知水平较低

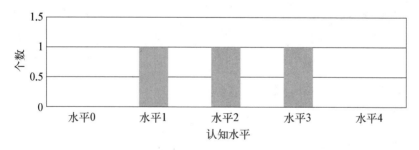

图 4-15　美国课堂复习任务认知水平分布

美国课堂中共有 3 个复习任务,而且 3 个复习任务的认知水平分别是 1、2、3,所以低认知水平的复习任务占多数。

(3) 美国课堂中的学习任务认知水平比较高

类比对中国课堂中数学任务认知水平的研究,将美国课堂中所有的学习任务从认知水平上统计分类,得到图 4-16。可以看出美国课堂中学习任务仅有"水平 3"和"水平 4"类,不存在"水平 2"和"水平 1"的数学任务,而且"水平 4"类学习任务比"水平 3"类学习任务多。US6 中的第一个学习任务,教师仅要求一个学生阅读

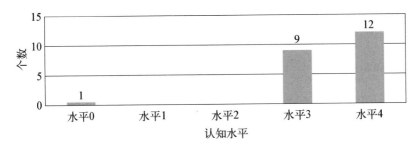

图 4-16 美国课堂学习任务认知水平分布

教科书中关于"对称"定义的一段文字,此学习任务的认知水平标记为"水平 0"。

（4）美国课堂高认知水平的"练习任务"比较多

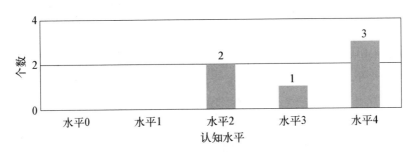

图 4-17 美国课堂练习任务认知水平分布

对美国课堂中所有的练习任务从认知水平方面统计分析,得到图 4-17。可以看出,美国课堂的练习任务中"水平 4"占大多数,其次是"水平 2"。但"水平 3"和"水平 4"的总和约占据总任务量的 $\frac{2}{3}$,所有的练习任务的平均认知水平为 3.2,美国课堂中练习任务的认知水平较高。

（5）美国课堂中学习任务与练习任务认知水平基本相当

美国课堂中的学习任务的平均认知水平为 3.4,练习任务的平均认知水平为 3.2,两种表现形式的数学任务在认知水平上基本持平。

四、中美课堂中任务的认知水平的差异

1. 中国课堂"水平 2"类任务占多数,美国课堂"水平 4"类任务占多数

图 4-18 是中美课堂所有任务认知水平所占总任务量的比例对比图,可以看出,中国课堂中的数学任务认知水平"水平 2"占多数,但美国课堂中"水平 4"的数

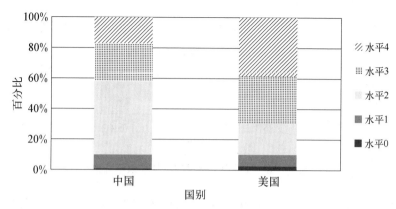

图 4‑18 中美课堂任务认知水平分布比较

学任务占多数。中国课堂所有任务认知水平的平均值为 2.5,美国课堂所有任务认知水平的平均值为 2.9。特别地,对于"水平 4",中国课堂中所占比例仅是美国课堂的一半,但中国课堂中"水平 4"类的数学任务的数量比美国课堂多,中国课堂一共有 21 个"水平 4"类任务,美国课堂一共有 15 个"水平 4"类的数学任务。

2. 中美课堂学习任务均是高认知水平的任务占多数

从知识层面上,课堂教学的主要任务是数学知识的获得,在教学的过程中,通过教师数学任务设置,学生积极参与,达到每节课的教学目标。所以学习任务在课堂教学中尤为重要。在新知识的习得阶段,中美哪个国家的课堂更能给学生提供高层次的思考和推理机会? 可以从认知水平方面对学习任务比较分析。

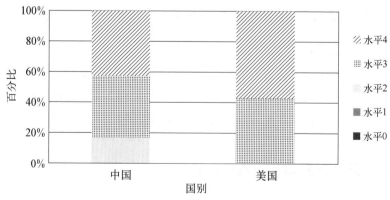

图 4‑19 中美课堂学习任务认知水平分布比较

图 4‑19 是中美课堂所有学习任务认知水平所占总任务量的比例对比图,从图 4‑19 以及前面的分析结果,中美课堂学习任务的认知水平差异不大,均以高认

知水平的任务居多。中国课堂学习任务认知水平的平均为 3.2,美国课堂学习任务认知水平的平均为 3.4。特别地,美国课堂中,学习任务均为"水平 3"和"水平 4"的高认知水平的数学任务。但中国课堂共有 51 个"水平 3"和"水平 4"的数学任务,美国课堂仅有 27 个"水平 3"和"水平 4"的数学任务,从数量上看,中国课堂高认知水平的数学任务几乎是美国课堂的两倍。

3. 中美课堂练习任务认知水平差异明显

课堂中新知识的运用或练习巩固,对知识习得也是不可或缺的一部分,但练习的度是什么? 或许可以从中美课堂练习任务的差异中思考一下,但"他山之石,是否可以攻玉",也是需要思考的问题。

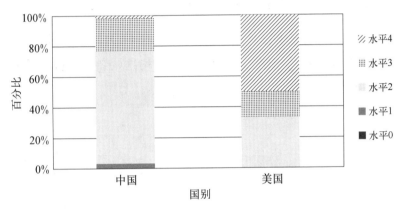

图 4‑20   中美课堂练习任务认知水平分布比较

图 4‑20 是中美课堂所有练习任务认知水平所占总任务量的比例对比图,从图 4‑20 及前面的分析结果发现,中美的练习任务的认知水平差异明显,中国课堂练习任务认知水平的平均为 2.2,美国课堂练习任务认知水平的平均为 3.2,从平均上看,中国课堂练习任务的认知水平没有美国课堂的高。中国课堂练习任务中"水平 2"占据大多数,美国课堂练习任务中"水平 4"占多数。但从数量上看,中国课堂练习任务有 1 个是"水平 4",美国课堂有 3 个"水平 4",但中国课堂有 12 个"水平 3"的练习任务,美国课堂仅有 1 个"水平 3"的练习任务,中国课堂的高认知水平的练习任务的数量远远超过美国课堂。在各类比赛中,中国学生的基础知识强于美国学生,从课堂的练习任务中也能找出一定的原因。何况中国课堂中还有大量的"水平 2"的练习任务,但练习任务的量到底多少最好,这更需要研究。

4. 中国课堂复习任务和美国课堂热身任务认知水平比较低

从前面对课堂中数学任务的表现形式比较分析发现,中国课堂的复习任务与美国课堂的热身任务在所占总任务量的比重上基本相当。将中国课堂的复习

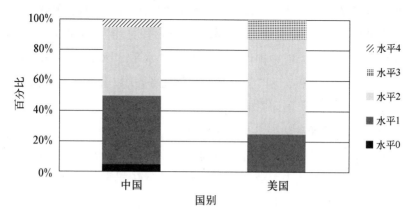

图 4 – 21　中国课堂复习任务和美国课堂热身任务认知水平分布比较

任务和美国课堂的热身任务放在一个图内比较(图 4 – 21),中美课堂这两类数学任务的认知水平有很大的相似之处,这两类任务均是认知水平较低,"水平 1"和"水平 2"占大多数。

第五章 / 基于任务实施的中美课堂结构比较

　　第四章主要分析比较了中美数学课堂教学中使用的数学任务的特点。数学课堂教学的组织主要围绕学生参与的数学任务,那么在数学任务的实施过程中,课堂教学是否具有特定的教学结构呢? 中美课堂基于任务实施的课堂教学结构有什么样的异同点? 这将是本章主要研究的内容。

第一节　编码设计

　　数学课堂结构是"在数学课堂教学中,构成师生活动的要素及相互关系"[82]。课堂结构是教学模式的一方面,它是教学模式的具体操作程序[82]。TIMSS 1995及 TIMSS 1999 的研究将课堂录像作为研究对象,通过划分一节课堂录像中所包含的组件即"教学事件"来分析比较课堂的结构,进而总结出各国课堂中数学教学及学习的特点。LPS 研究项目借鉴了 TIMSS 对课堂录像分析的方法,选取各国几位教师连续几节课或者一个完整的教学单元来观察和研究,得出各国课堂结构的特征。不管是凯洛夫(N.A.Kaiipob)的课堂教学五环节:组织教学、复习旧知识、讲授新课、巩固新课、布置家庭作业,还是 TIMSS 录像研究对课堂结构的编码分析,抑或 LPS 研究项目[52,67]对不同国家采用不同的课堂结构编码的分析,均是想探讨课堂教学中是否有一个稳定的结构。以上对课堂结构的研究均是从克拉克[52]对课堂结构三个方面的解释上进行的。克拉克[52]认为课堂结构主要集中在下面的三个方面:(1)整个课堂教学方面的水平——组成课堂的教学要素存在和出现顺序的规律性;(2)课程主题方面的水平——与某一课程主题相关的课堂元素在教学顺序中出现的规律性,特别是在几节课中持续出现的规律性;(3)组成课堂活动方面的水平——组成课堂活动的形式和活动的功能类型呈现出的规律性。

总之,课堂教学是否具有一定稳定的结构是一个重要的研究问题。从不同的视角出发可以得出不同的结果。

数学的课堂一般由学生围绕数学任务上的活动组织和实现,数学任务可以在课堂中传递"数学是什么",在课堂中的执行可以从多个方面影响学生学习数学的机会[44]。有研究[31]表明,课堂中数学任务将经历如下三个阶段:第一阶段是课程或教学材料中呈现的文本形式的数学任务,第二阶段是课堂教学中教师介绍给学生的数学任务,第三阶段是学生在课堂中实施的数学任务。美国学者[117]对美国课堂的研究表明,课堂中任务实施共分三个阶段:任务引入、任务探索、任务总结。

美国以"问题为中心"的数学课堂有探索、推测、猜想、交流等模式。部分学者认为课堂教学要经常给学生提供机会去解决一些富有挑战性的数学任务,来锻炼他们的数学推理能力,联结学生的数学想法和数学表征[20]。这种教学的目的是让所有的学生,不分民族、性别、班级等,不仅能获得知识,也能理解和运用知识,并能运用知识解决实际问题。在这样的教学中,要求教师提供给学生有认知要求的数学任务,教师要促使学生对他们的解释提供证据,并要对他们和同伴间的结果策略进行联结,并且要求教师组织全班讨论以支持学生自己的思维。这个教学理念的中心是学习的机会是均等的[31,115-116]。这种教学模式一般有三个教学阶段:引入、探索和总结。美国CMP[1]教材支持教师使用上面的这种教学方式,为教师使用这种教学方式提供素材。

引入阶段是第一个阶段,指教师将问题介绍给全班学生,包括帮助学生理解整个问题、问题的数学背景及问题中所蕴含的挑战。引入阶段是从教师开始介绍新思路、介绍新概念、回顾旧概念或将问题与学生以前的经历相联系等教学行为开始的。下列问题可以帮助教师组织引入阶段。

- 希望学生做什么?
- 为了理解故事的背景和问题的挑战,需要学生知道什么?
- 可以帮助学生预知的困难是什么?
- 怎样避免给学生透露太多问题的答案?

这个阶段需要给学生一个需要解决问题的清晰画面,但教师需要保持任务的认知水平,不要告诉学生太多,以免降低任务的挑战性,变成例行的事情;或者不要删掉

---

〔1〕 CMP 是 the Connected Mathematics Project 的简称,是专门为六、七、八年级
设计数学课程的研究,这个项目编写的教材称为 CMP 教材。

能让学生充分参与课堂活动的一些教学策略。

探索阶段问题的本质是建议学生独立、成对、分小组或者全班一起去解决问题。教师的指导重在适当的分组。随着学生的工作的开展,他们可以收集数据、分享想法、寻找模式、猜想、发展解决问题的策略等。在此过程中,学生展示的结果肯定是不同的。在这个阶段,教师的角色是在课堂中移动,观察每个人的表现并表扬和肯定他们现在的学习状态。教师可以采用提出适当的问题、帮学生确认或者重新确定解决问题的方向等方式来帮助学生继续坚持他们的工作。对于有兴趣或者有潜力探索更深层次的数学问题的学生,教师可以提供额外的与这个任务相关的问题。对于学习有困难的学生,教师也需要提供不一样的帮助。总之,教学的探索阶段需要照顾不同的学生。下列问题可以帮助教师准备探索阶段。

- 怎样组织学生探索问题?(独立、成对、分组、全班)
- 学生需要什么样的材料?
- 学生怎么样记录和汇报他们的工作?
- 学生可能运用的不同的学习策略是什么?
- 哪些问题可以鼓励学生交谈、思考、学习?
- 学生遇到挫折或者不再做任务时,哪些问题可以让他们集中精力思考?
- 如果最开始的问题被"回答"后,应该追问什么问题去挑战学生?

在整个任务探索阶段中,教师应该清楚地回答下列问题:

- 学生的困难在什么地方?
- 在不提供答案的情况下怎么帮助学生?
- 学生正在使用的策略是什么? 他们是正确的吗?
- 在总结阶段,怎么去使用这些策略?

总结阶段教师要引导学生去达到这个问题的数学目标,将他们的理解与以前的数学目标与问题相联系。总结阶段开始于大多数的学生已经收集了充分的数据或者完成了大部分解决问题的过程。在总结阶段,学生介绍和讨论他们问题解决的结果,还可以讨论和介绍靠近问题、组织数据、找到结果中所运用的策略。在讨论的过程中,教师帮助学生提高问题中数学概念性的理解,引导学生将他们所用到的策略、方法一般化,形成一个解决一类问题的步骤、方法、程序等。

总结阶段由教师引导,但学生的角色也不容忽视。他们需要提出猜想、相互提问、提供代替的选择、列出原因、完善他们的学习策略及联系。在总结阶段结束后,学生应该变得更善于使用从解决这个问题的经验中得出来的思想和技巧。下列问题可以帮助教师准备总结阶段。

- 怎样帮助学生理解和欣赏可能用到的不同的方法？
- 怎样协调讨论才能让学生总结出问题的想法？
- 什么问题可以引导讨论？
- 什么概念和策略需要强调？
- 什么想法在此时不需要打断？
- 什么定义或者策略需要一般化？
- 可以创造的连接和扩展是什么？
- 可能出现的新问题是什么，怎么样处理它？
- 在总结后，怎样去跟进、实践或应用这些想法？

也有学者的研究表明课堂教学任务的流程[51]由如下的一个循环组成：任务的文本→给学生介绍任务→学生解决任务→评价对话。

在中国的课堂教学流程的研究中，学者也从不同的角度对课堂教学流程、模式等进行了分析研究。比如，吕传汉[118-120]等学者通过对"问题解决式"教学模式的研究，得出问题解决的教学实验要经历：情景→问题→讨论→建模→评价。

不管哪种教学模式或者教学流程，数学任务贯穿始终，而且课堂教学要由学生参与到数学任务的实施中组织和实现。再观察中国和美国的数学课堂录像，同样发现，课堂教学由一个或者一串问题组成的数学活动构成。解决数学任务，首先将任务介绍给学生，然后探索解决，最后评价总结。这是数学任务实施必需的三个阶段。

以前通过录像编码的方法对数学课堂结构进行研究的主要是 TIMSS 及 LPS。TIMSS 的录像研究从"教学事件"的角度将课堂录像进行分割，包括热身、回顾以前课堂、检查作业、呈现主题、建立今天的问题、呈现今天的问题、解决子问题、学生独自或者分组工作、学生演讲、讨论问题解决办法、练习、总结强调关键点、布置家庭作业、宣布下一个主题等。

观察课堂录像发现，中国数学课堂通常经历复习旧知识→引入本节课的主题→新知识学习与练习→课堂小结等教学环节；而美国的课堂通常经历热身→引入本节课的主题→新知识学习→布置作业和下节课计划等教学环节。在新知识学习与练习阶段，中国课堂主要通过讲解新内容知识（比如概念、定理、公式等的学习）、例题的学习、学生课堂练习等步骤去完成这一阶段。但不管是概念、定理、公式等新内容知识还是例题、练习的学习，中国教师要先将要学习的问题介绍给学生，然后让学生思考如何解决这个问题或者引导学生获得解决问题的思路，最后提问学生或者教师总结此问题。而美国对于新知识学习阶段的处理有点不一样，主要包括引入关于新知识的任务、学生探索任务、全班讨论等步骤,特别在学生探索任务环节,一般有三种形式:小组讨论、个人探索或教师辅助小组和个人解决出现的问题。根据两国对于新知识学习的异同,对中美基于数学任务实施的课堂结构从以下的编码分析:热身、复习旧知识、呈现本节课主题、任务设置、任务探索、全班讨论总结、总结强调关键点、课堂小结、下节课计划(表5-1)。

表5-1　课堂结构编码解释

编　码	编　码　解　释
热身	位于课堂开始阶段的活动,此活动的内容和本节课的主题不一定相关,但可以将学生的注意力集中到数学学习上
复习旧知识	复习与本节课相关的前一节课或前几节课所学习的知识
呈现本节课主题	教师给出本节课的主题,如教师宣布本节课学习角平分线的性质定理
任务设置	教师给学生介绍课堂中的数学任务
任务探索	任务设置后学生个人或者学生和教师一起探索任务的解决方案
全班讨论总结	在全班学生基本上获得任务的解决策略或者数据后,师生共同讨论
总结强调关键点	在任务解决的过程中,教师或学生对某些重要的地方进行强调和总结
课堂小结	在课堂即将结束时教师或学生强调和总结本节课的内容
下节课计划	教师提出下节课的计划

反复观察中美的课堂录像发现,在任务探索的环节中美的处理方式上有很大的差异。中国教师将任务介绍给学生后,有些教师直接提问学生或者教师自己分析任务的解决思路,有了基本的解决思路后,教师放手让学生去解决任务,然后全班讨论总结此问题;有些教师在介绍任务之后,让学生自己独立思考完成任务,然后全班一起讨论总结任务;还有一些教师让学生小组合作去探索任务的解决办法,之后全班讨论总结此任务。美国教师处理的方式大部分是让学生采用小组合作的形式去探索任务。为了区分出"任务探索"环节中美具体探索任务形式的差异,本书研究又设计了任务探索环节个人思考、小组合作、师生共同等三个编码(表5-2)。

表5-2　任务探索编码解释

编　码	编　码　解　释
个人思考	学生独立思考教师给出的数学任务
小组合作	学生分小组合作思考教师给出的数学任务
师生共同	教师和学生一起思考和探索给出的数学任务

第二节　数据统计及特点分析

利用 Nvivo 软件和上一节设计的编码,对中美的 30 节课堂录像进行编码分析,得到表 5-3~表 5-6。表 5-3 是中国课堂录像各编码所占课堂时间的百分比,表 5-4 是美国课堂录像各编码所占课堂时间的百分比,表 5-5 是中国课堂任务探索环节各编码所占课堂时间的百分比,表 5-6 是美国课堂任务探索环节各编码所占课堂时间的百分比。

表 5-3　中国课堂录像各编码所占课堂时间的百分比

录像编号	热身	复习旧知识	呈现本节课主题	任务设置	任务探索	全班讨论总结	总结强调关键点	课堂小结	下节课计划
CN1		4.0%	0.2%	3.0%	31.8%	55.5%	6.1%		
CN2		2.3%	3.3%	18.1%	22.5%	48.6%	3.5%		
CN3			0.8%	19.8%	25.4%	22.3%	14.3%	11.8%	
CN4		4.1%	0.3%	7.8%	27.1%	58.6%			
CN5		6.0%	1.0%	4.6%	45.3%	46.8%			1.8%
CN6		3.2%		9.8%	9.0%	76.0%			
CN7		4.2%	0.5%	32.0%		63.0%			
CN8		8.0%	2.1%	7.7%	47.4%	30.6%		0.7%	
CN9		1.7%	0.8%	13.8%	50.6%	24.3%	7.6%	0.4%	
CN10		1.8%	1.7%	14.3%	23.3%	51.5%	5.6%	1.2%	
CN11		14.7%	0.3%	4.2%	37.0%	43.5%			
CN12		3.0%		4.7%	34.3%	55.4%	1.6%		
CN13		4.0%	1.1%	5.5%	22.0%	40.8%	19.7%	1.9%	
CN14	4.2%	2.5%	0.5%	7.1%	29.3%	43.3%	8.5%	2.5%	
CN15		4.8%	0.5%	10.5%	39.0%	32.6%	13.0%		

注:空白处均为 0%。

表5-4　美国课堂录像各编码所占课堂时间的百分比

录像编号	热身	复习旧知识	呈现本节课主题	任务设置	任务探索	全班讨论总结	总结强调关键点	课堂小节	下节课计划
US1		30.6%	0.9%	2.6%	42.6%	18.0%			
US2				14.5%	41.3%	39.2%			
US3	8.0%			20.6%	36.0%	25.2%			0.9%
US4	4.4%		1.2%	6.8%	33.6%	47.6%	0.8%		
US5				7.0%	38.1%	28.8%	1.8%		1.3%
US6	5.8%			2.2%	26.1%	37.3%			
US7	42.3%		1.0%	9.2%	32.9%	12.7%			
US8				11.4%	67.4%	17.3%			
US9		6.6%	3.9%	6.8%	31.9%	40.7%			
US10	18.9%	4.2%		13.9%	60.3%				
US11		2.3%	0.7%	14.1%	56.5%	10.3%			
US12	8.4%	10.8%	2.1%	6.8%	33.7%	16.1%		6.2%	
US13	19.6%		2.5%	26.8%	38.6%	11.0%			
US14	28.5%		1.4%	11.8%	41.2%	9.7%			
US15			1.2%	14.7%	46.0%	19.9%		5.1%	

注：空白处均为0%。

表5-5　中国课堂任务探索环节各编码所占课堂时间的百分比

录像编号	个人思考	小组合作	师生共同
CN1	2.0%		29.8%
CN2	13.8%		17.3%
CN3	25.4%		
CN4	6.2%	20.9%	
CN5		45.3%	
CN6		9.0%	
CN7			

录像编号	个人思考	小组合作	师生共同
CN8	11.0%	36.3%	3.9%
CN9	10.4%		40.2%
CN10			18.3%
CN11	30.3%		6.7%
CN12	34.3%		
CN13	15.6%		6.4%
CN14	29.3%		
CN15	17.9%	11.5%	9.6%

注：空白处均为 0%。

表 5-6　美国课堂任务探索环节各编码所占课堂时间的百分比

录像编号	个人思考	小组合作	师生共同
US1	42.6%		
US2		41.3%	
US3	40.3%	4.2%	
US4	14.7%	14.4%	4.5%
US5		38.1%	
US6	26.1%	3.8%	
US7		30.7%	2.2%
US8	7.9%	59.5%	
US9		31.9%	
US10	2.5%	30.3%	27.5%
US11	0.6%	29.6%	26.3%
US12		33.7%	
US13	5.5%	33.1%	
US14		38.7%	2.6%
US15		46.0%	

注：空白处均为 0%。

一、中国数学课堂结构特征

（一）数据分析与案例

根据前面设计的编码，对中国的 15 节课堂录像及美国的 15 节课堂录像进行分析。在 Nvivo 软件中建立树节点，构成课堂结构的编码系统，再通过 Nvivo 软件，统计出各个节点的频次、时间时长及时间覆盖的百分比。首先看中国的 15 节课堂录像的基本情况，课堂的平均长度为 41 分钟，最长为 48 分钟，最短为 37 分钟（图 5-1）。

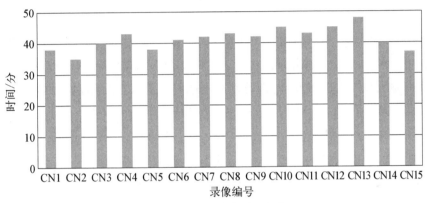

图 5-1　中国课堂时间长度

1. 热身

中国大部分的课堂没有热身环节，教师一般从复习旧知识环节入手，去引出本节课学习的内容，或者教师从具体的问题情境出发，引出本节课的主要内容。中国的 15 节课堂录像中，只有一个课堂录像（CN14）开始阶段使用热身环节，用时 1.7 分钟，占课堂时间的 4.2%，见图 5-2。

图 5-2　中国课堂的热身占课堂时间的百分比

CN14 中，教师首先给出一道题目：

比一比，看谁快：当 a、b 取下列数时，计算 $a^2 - b^2$ 平方的值。（1）$a = 5, b = 3$；（2）$a = 10, b = 8$；（3）$a = 2\,005, b = 2\,003$。

教师用电子黑板给出这个问题，要求学生"比一比，看谁快"，学生可以迅速安静下来，投入到数学课堂中，这个任务的设置起到了热身的作用。

教师提问学生前两个小问题的答案，但最后一个小问题计算难度大，不易得到答案。学生体会到如果用原来的方法会有很大的难度，那么是否有简单的算法去解决这样的问题，从而引出这节课的主要内容。虽然这节课的开始是给学生一个练习，让学生利用旧的知识去解决问题，但这节课的热身环节和美国课堂的热身不同，它包括两重作用，第一重是让学生迅速进入课堂的学习之中，发挥热身作用，第二重是课堂的引入。通过题目的质疑，激发学生探索新知识的欲望，引入这节课的主题：平方差公式。

2. 复习旧知识

在 Nvivo 软件中建立复习旧知识树节点，对中国的 15 节课堂录像用 Nvivo 软件分析，将课堂中复习旧知识的视频片段编码，并导出数据结果，得到表 5 - 7，数据结果包括时间长度和时间覆盖的百分比两个方面。从表 5 - 7 可以看出，几乎所有的中国数学课堂都包含复习旧知识这个环节，仅有一节课堂不包含复习旧知识环节，从占有的课堂时间上看，平均用时 1.8 分钟，除了没有这个环节的课外，最短用时 0.7 分钟，最长用时 6.3 分钟。复习旧知识占整个课堂总时间的百分比的平均值为 4.3%，最短的占整个课堂总时间的 1.7%，最长的占整个课堂总时间的 14.7%。

表 5 - 7　中国课堂复习旧知识

录像编号	CN1	CN2	CN3	CN4	CN5	CN6	CN7	CN8	CN9	CN10	CN11	CN12	CN13	CN14	CN15	平均
时间长度/分	1.5	0.8	0.0	1.8	2.3	1.3	1.7	3.4	0.7	0.8	6.3	1.3	1.9	1.0	1.8	1.8
占课堂时间百分比/%	4.0	2.3	0.0	4.1	6.0	3.2	4.2	8.0	1.7	1.8	14.7	3.0	4.0	2.5	4.8	4.3

课堂中没有复习旧知识环节的是 CN3，七年级的"第十章　数据的收集、整理与描述"中的"第一节　统计调查"的一节课。教师直接点出这节课要学习的内容：第十章的第一节统计调查，然后步入新知识的共同学习之中。在初中阶段，本节课

是第一次接触数据统计,没有可复习的与之相关的数学知识,所以本节课无复习旧知识环节。

其他的 14 节课均有复习旧知识环节,CN9 的复习旧知识环节有 0.7 分钟,这节课的主要内容是直角三角形全等的判定条件,教师是让学生回顾判定三角形全等的判定条件,学生回答:边边边、边角边、角角边、角边角,从而联结到本节课的主题:如何判定两个直角三角形全等。

CN2 的复习旧知识环节有 0.8 分钟。这节课的主要内容是角平分线的性质定理。在讲授新知识之前,教师让学生回顾角平分线的尺规作图方法。教师作为主导,在电子课件的帮助下,师生共同复习了角的平分线的尺规作图方法。

CN11 是复习旧知识环节时间最长的一节课,这节课的主要内容是探索单项式除以单项式。课堂一开始,教师:"咱们先回顾一下以前所学的知识,下面请看学案上的第一组小题。"然后学生开始自己思考做题,之后教师找两个学生来说出这些题目的结果。教师:"通过两个小题,这是属于什么运算?"学生:"单项式乘单项式。"教师:"那么谁来说一下单项式乘单项式的运算法则?"学生回答,并有几个学生补充,最后教师总结单项式乘单项式要注意的法则。共花费 6.3 分钟复习旧知识。此节课中的复习旧知识环节和热身环节有点接近,教师不是直接提问学生学过的旧知识,而是通过几个简单的练习题来让学生预热,然后总结学习旧知识的时候需要注意的主要问题。

3. 呈现本节课主题

同对复习旧知识的统计一样,将呈现本节课主题在 Nvivo 中建立树节点,对所有的课堂中呈现本节课主题的视频片段编码,并导出数据,得到表 5 - 8。从表 5 - 8 可以看出,几乎所有的中国数学课堂都有呈现本节课主题这个环节,两节课除外。此环节平均用时 0.4 分钟,占课堂录像总长度的 0.9%,最长用时 1.2 分钟,最短用时 0.1 分钟。

表 5 - 8　中国课堂呈现本节课主题

录像编号	CN1	CN2	CN3	CN4	CN5	CN6	CN7	CN8	CN9	CN10	CN11	CN12	CN13	CN14	CN15	平均
时间长度/分	0.1	1.2	0.3	0.1	0.4	0.0	0.2	0.9	0.3	0.8	0.1	0.0	0.5	0.2	0.2	0.4
占课堂时间百分比/%	0.2	3.3	0.8	0.3	1.0	0.0	0.5	2.1	0.8	1.7	0.3	0.0	1.1	0.5	0.5	0.9

CN6 和 CN12 是所有课堂中没有呈现本节课主题环节的两节课。CN6 的内容是等腰三角形与等边三角形，教师从学生小学阶段熟悉的等腰三角形出发，让学生给出等腰三角形的定义，之后在学案的引导下，学生和教师完成等腰三角形和等边三角形的性质学习。

CN12 的内容是平方差公式，教师从复习旧知识入手，引入新知识，教师给出四个题目，是让学生根据多项式的乘法计算出平方差公式的几个特例，然后让学生观察这四个题目的共同特点，最后让学生推测这样的特点是不是具有一般性，从而让学生自然而然地去学习这节课的主要内容：平方差公式。

其余的 13 节课中均有呈现本节课主题这一环节，该环节花费时间比较短的处理方式一般是教师单刀直入，直接告诉学生："本节课我们要学习……"。呈现本节课主题环节花费时间比较多的课堂 CN2 的处理方式如下：

复习完尺规法作角的平分线后，教师引导学生从角的平分线出发得到别的信息。

教师：考虑一下，我们作出了 $\angle AOB$ 的角平分线 OC，请问，你得到了什么？有了角的平分线最容易想到的是什么？

学生（齐答）：两个角相等。

教师：哪两个角相等？

学生（齐答）：$\angle AOC$ 和 $\angle COB$。

（教师标记成 $\angle 1$ 和 $\angle 2$）

教师：得到两个角相等，这是一个显而易见的性质。除了可以得到两个相等的角之外，我们可不可以从角的平分线出发得到一些其他的结论呢？这就是我们今天要学习的角平分线的性质。

4. 任务设置

数学课堂上一般是通过解决一连串的数学任务，让学生学习数学知识。一连串的数学任务的解决过程中，主要有三个环节：任务设置、任务探索、任务总结。任务设置指教师将要学习的数学任务介绍给学生，任务探索指在任务设置后学生个人或者学生和教师一起探索任务的解决途径和方法，任务总结指当大部分的学生有了任务解决的方法和途径，并为任务的解决搜集了大部分的数据或者已经完成了重要的解决步骤后，教师和学生对这个任务进行全班讨论，总结出解决此任务的最佳、一般或者所有方法及步骤。

　　将任务设置在 Nvivo 软件中建立树节点,并对所有课堂中任务设置的视频片段编码,统计分析数据,得到任务设置环节占课堂时间的百分比(图 5-3)。从总体数据上看,中国数学课堂的任务设置平均用时 4.5 分钟,平均约占整个课堂时间的 10.9%。最长的任务设置用时 13.4 分钟,占整个课堂时间的 32.0%。最短的任务设置为 1.14 分钟,占整个课堂时间的 3.0%。数学任务的设置形式有多种,比如教师直接用电子课件呈现要解决的数学任务,或者教师以学案的形式将数学任务发给学生,或者教师上课前把要解决的数学任务抄在黑板上,这些形式都节省了教师上课时的任务设置时间。用时比较长的任务设置,教师往往从数学任务的问题情境开始分析,然后分析任务可能出现的数学问题,之后给出需要学生解决的数学任务。

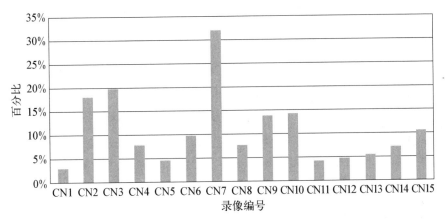

图 5-3　中国课堂的任务设置占课堂时间的百分比

　　比如,CN3 的第一个数学任务的任务设置,教师从介绍全国人民代表大会的会议决议表决形式开始到民意调查、消费者调查等,给出问题:你想知道我们全班同学对新闻、体育、动画、娱乐、戏曲五类电视节目的喜爱情况,你会怎么做? 学生回答调查统计,教师根据学生的回答,与学生探索怎么去调查并统计。教师又出示自己设计的调查问卷,强调调查问卷的一些问题。然后教师给出已经收集好的 50 个数据,让学生完成数学任务。

　　5. 任务探索

　　同样用 Nvivo 软件对中国的 15 节数学课堂的编码分析,任务探索视频片段平均用时 12.2 分钟,平均占整个课堂时间的 29.6%,最长的任务探索环节用时 21.4 分钟,占整个课堂时间的 50.6%。除去没有给学生留下探索时间的一节课,最

短的任务探索环节用时 3.7 分钟,占整个课堂时间的 9.0%。具体的 15 节课任务探索环节的占课堂时间的百分比见图 5－4。

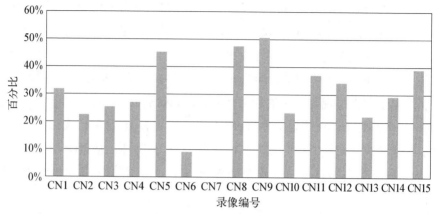

图 5－4　中国课堂的任务探索占课堂时间的百分比

根据表 5－2,在 Nvivo 软件中建立任务探索的三个二级树节点:个人思考、小组合作和师生共同,对中国的 15 节课堂中任务探索的视频片段再编码,并统计分析数据,得到图 5－5。从数据分析可以看出,中国课堂任务探索环节,个人思考、小组合作、师生共同三种任务探索形式均有出现。但有一节课堂教师没有留给学生自己独立思考的时间,有两节课堂运用了三种探索的形式,6 节课堂仅使用了三种形式中的一种,6 节课堂选择了两种形式进行任务探索。有 11 位教师选择了以个人思考的形式让学生探索任务,有 8 节课堂中运用了教师主导下的师生共同形式探索任务。若将每节课中任务探索环节的总时长记为 100%,图 5－5 是教师在课堂上使用的三种任务探索形式在各自的任务探索环节中所占的百分比。另外,个人思考、小组合作及师生共同三种探索形式占整个课堂时间的平均百分比分别为 13.1%、8.2%、8.8%。课堂上任务探索中小组合作和师生共同占整个课堂时间的比例基本持平,更多的课堂中选择了学生个人思考的形式进行任务探索。

6. 全班讨论总结

全班讨论总结指在全班学生基本上获得任务的解决策略或数据后,师生共同讨论的环节。此环节在中国的数学课堂中所占比重比较大,平均用时 19.1 分钟,平均占整个课堂总时间的 46.2%。最长的全班讨论总结用时 31.2 分钟,占整个课堂时间的 76.0%,最短的全班讨论总结用时 9 分钟,占整个课堂时间的 22.3%(图 5－6)。

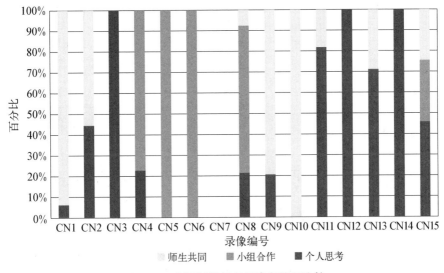

图 5－5　中国课堂任务探索各编码比较

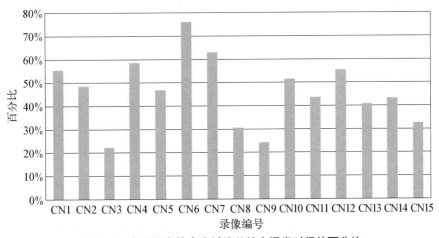

图 5－6　中国课堂的全班讨论总结占课堂时间的百分比

7. 总结强调关键点和课堂小结

中国的 15 节课堂录像中,在课堂解决任务阶段,有 9 位教师在全班讨论总结后,增加了一个环节:总结强调关键点。在任务探索后,大部分学生已经有了解决任务的方法或者思路,再通过教师主导下的全班讨论总结,所有学生基本上已经完全清楚此任务的解决方案及解决此任务需要用到的数学知识,这时,教师为了重点强调任务中所需要用到的知识点或者任务中易错的知识,重新强调重要的知识点及易错点等。在 15 节课堂中,总结强调关键点这个环节平均用时 2.2 分钟,平均占整个课堂时间的 5.3%。其中,最长用时 9.4 分钟,占课堂时间的 19.7%(图 5－7)。

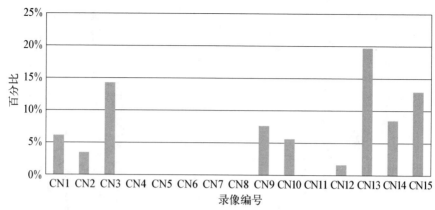

图5-7 中国课堂的总结强调关键点占课堂时间的百分比

中国课堂还有一个特点,40%的课堂具有课堂小结环节,即教师总结本节课所学的主要内容及需要注意的事情。而且其中一节课小结的时间占整个课堂时间的11.8%。但平均课堂小结环节占整个课堂时间的比例比较低,平均约为 1.2%(图5-8)。

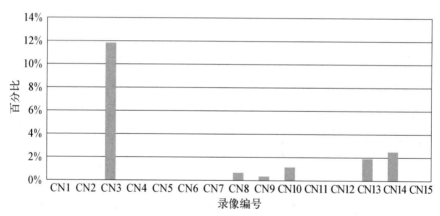

图5-8 中国课堂的课堂小结占课堂时间的百分比

课堂小结不同于总结强调关键点,课堂小结是对于整节课的总结,一般是在课堂即将结束时,教师完成预设的课堂教学后,出示给学生或者让学生总结本节课的主要内容。总结强调关键点属于任务解决的一个阶段,一般出现在任务设置、任务探索、全班讨论总结之后,教师强调这个数学任务所用到的主要知识点、关键点或易错点等。

8. 下节课计划

中国课堂很少出现下节课计划,每一节课均有一个学习的知识点及学习的目标,每节课的学习目标互不相同。但在15节课堂录像中,有一节课出现了0.8分钟的下节课计划(图5-9),在此节课的最后阶段,教师点出本节课的主题是"几何图形中的变量之间的关系"后,接着设疑"那么在实际生活中变量之间是不是也有这样的关系呢？ 比如马路上行驶的汽车、生活中的温度等",并指明这将是下节课所要探索的问题。

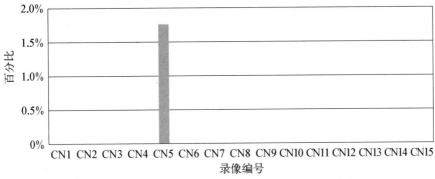

图5-9　中国课堂的下节课计划占课堂时间的百分比

(二) 中国数学课堂结构特征

1. 全班讨论总结占整个课堂的大部分时间

从对15节课堂录像运用课堂结构的编码框架对其编码,并生成各个环节的编码占课堂时间百分比的图中可以发现,中国课堂的结构中,任务设置、任务探索及全班讨论总结三个环节占整个课堂的大部分时间,几乎接近86.7%。从图5-10可以清

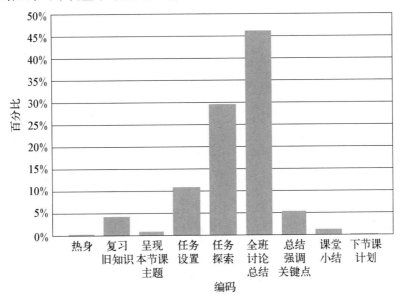

图5-10　中国课堂结构中各环节占课堂时间百分比的均值

晰地看出,在所有的课堂结构中,全班讨论总结环节是整个课堂中时间最长的。从图 5 - 11 中也能看出全班讨论总结是课堂活动中最重要的环节。

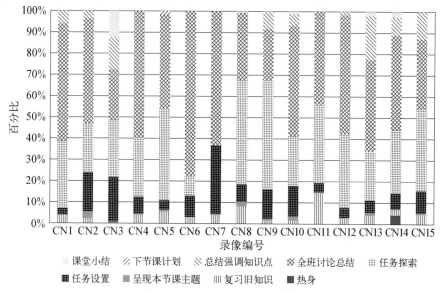

图 5 - 11　中国 15 节课堂结构分布

　　课堂由一连串的数学任务组成,数学任务决定着一节课的主要学习的数学知识,而且知识的获得主要依靠解决一连串的数学任务,让学生去探索和总结,以掌握所需的知识点。所以,数学课堂的主要构成应该是数学任务的设置、探索及总结环节。特别地,通过对中国课堂的研究发现全班讨论总结是整个课堂中主要的一部分。

　　2. 中国课堂呈现多个"任务设置→任务探索→全班讨论总结"的小循环

　　对中国的 15 节课堂进行编码分析,研究结果表明,中国教师处理课堂上的数学任务的方式一般是:任务设置→任务探索→全班讨论总结。有多少个任务就有多少个这样的循环,甚至如果一个任务有多个子任务,那么每个子任务的处理方式也是如此。15 节录像课中最少的小循环是 4 个,教师一节课给学生 4 个不同的数学任务,4 个数学任务分别经历了任务设置、任务探索、全班讨论总结三个环节。图 5 - 12 是 CN14 的课堂结构的编码带,整节课中共有 16 个小循环。图 5 - 13 是 CN5 的编码带,除去复习旧知识的两个循环外,教师一共用了 4 个小循环去完成这节课的教学。

　　3. 任务探索环节个人思考和师生共同均是重要的探索形式

　　课堂任务探索过程中,特别是学习任务探索环节,中国教师一般给学生很短的

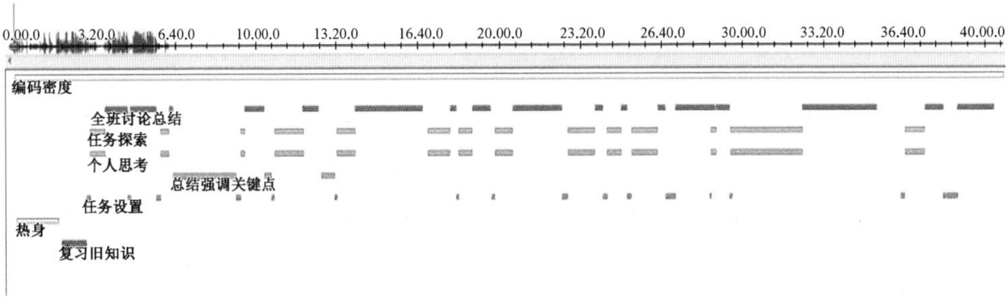

图 5‑12　CN14 课堂结构编码带

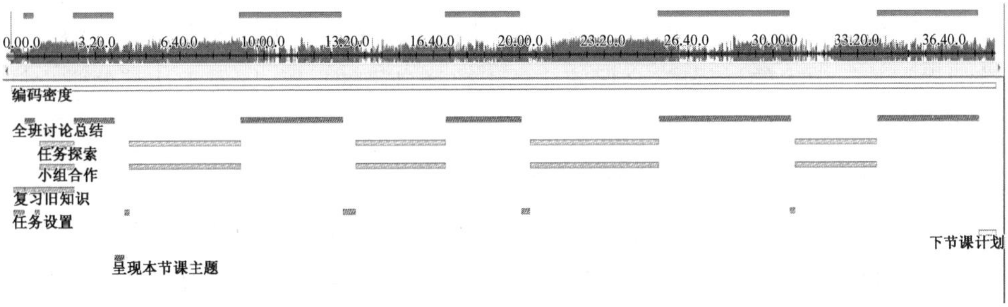

图 5‑13　CN5 课堂结构编码带

思考时间,直接提问学生回答,或者教师提问学生该如何思考。虽然从 15 节课堂录像的平均数据上看,学生的个人思考是任务探索的主要形式,个人思考、小组合作及师生共同占整个课堂时间的平均百分比分别为 13.1%、8.2%、8.8%。但课堂结构编码并没有对不同目的的数学任务分开编码,研究者在课堂观察的过程中发现,对于一节课主要内容的学习任务,教师采用的任务探索多是师生共同的形式。因而个人思考和师生共同在这一环节中均比较重要。

CN9 中的一个教学片段。教师出示数学任务:有两个长度相同的滑梯,左边滑梯的高度与右边滑梯水平方向的长度相等,两个滑梯与水平方向的夹角的大小有什么关系?

教师:这两个角什么关系?

学生:互余。

教师:你是怎么看出来互余的? 题中问的是这两个角有什么关系,它们两个是不是对应角? 这两个角所对应的边是什么? 它们两个不是对应角,它们肯定不相等,进一步这两个角肯定互余。那么怎么证明呢? 首先证明什么? 利用 HL 证明全等。全等后就可以得到哪两个角相等。然后怎么办?(之后教师帮助学生分

析等量代换去证明两个角之和为90度)

这个任务的探索过程中,教师在读完题后,并没有给学生一定的时间思考,而是直接给学生很多的提示以便学生去证明,并从条件开始分析了如何完成这道题的证明。此过程中,学生以全班齐答的形式回答了教师步步提出的简单问题。

当然也有很多的数学任务的解决过程中,教师给学生非常短的时间思考,然后提问一个学生给大家提供解题思路,但这个时候并不是大部分学生都已经知道如何解决此任务,而是被提问的学生回答教师的问题时,部分已经获得解题思路的学生会聆听被提问学生的答案,但其余学生则埋头独立思考如何解决这个问题。在教师提问某一学生的过程中,会促使此学生解释自己的思路,以便于让其他学生知道此问题的解题思路。

4. 中国课堂给学生很少时间独自探索思考

正如上面所说,虽然给出学生独立思考的时间,但数据分析显示,学生平均只有 13.1% 的时间自己思考解决任务,而且这 13.1% 中包含很多练习任务。练习任务是指教师和学生一起探索过一节课的主要知识点后,教师一般会给出几个对应的练习任务让学生课上完成,但练习任务一般是前面内容的重复练习或者直接应用,并不能体现真正意义上的学生独立思考。学生思维的参与程度已经受到任务出现的顺序的影响。总之,中国课堂上主要解决的学习任务中,没有给学生留下足够的时间去思考,但给学生留下了一些时间去完成练习任务。

5. 中国课堂总结强调关键点是重要的一部分

分析中国的数学课堂录像发现,60% 的中国教师在处理数学任务的过程中,会在任务解决后总结此任务中出现的主要知识点或关键点,解决此类任务时需要注意的事项。这个环节一般在学生知道如何解决任务,而且已经经历了解决任务的过程后。

6. 中国大部分课堂含有复习旧知识环节

分析 15 节课堂录像发现,14 节课堂录像均有复习旧知识环节,而且复习旧知识一般在课堂的开始阶段,从旧知识中引出新的知识,或者类比旧知识的学习方法和策略,获得新知识的学习策略。仅有一节课没有复习旧知识环节,因为这节课的主要内容是"数据的收集、整理与描述"一章内容的起始,这章的内容独立成一个体系,和前面所学过的几何、代数等的关系不是很大。另外,有一节课使用了热身来开始这节课的教学,但纵观其热身的过程,是让学生对旧知识解决问题的方法产生怀疑,从而引入新知识的过程。

二、美国数学课堂结构特征

（一）数据分析与案例

根据本章前面设计的编码,在 Nvivo 软件中建立一级和二级树节点,构成课堂结构的编码系统,再通过 Nvivo 软件,对美国的 15 节课堂录像进行分析,并统计分析数据。首先看美国的 15 节课堂录像的基本情况。美国数学课堂的平均长度为54.7 分钟,最长为 70 分钟,最短为 40 分钟(图 5－14)。

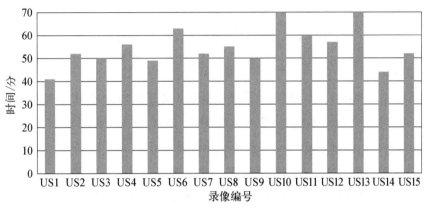

图 5－14　美国课堂时间长度

1. 热身

美国 15 节课堂中共 8 节有热身环节,热身环节平均用时 5.1 分钟,平均占整个课堂时间的 9.1%。除去没有热身环节的课堂,最长的热身时间是 22 分钟,占整个课堂时间的 42.3%,最短的热身时间是 2.4 分钟,占整个课堂时间的 4.4%(图 5－15)。

US7 是热身时间最长的一节课,这节课的内容是六年级"概率部分"中的第三节中的第一个问题"设计一个大转盘"。教师给出了关于概率理解的 2 个热身问题:(1) 抛三枚硬币,同时出现正面或反面的概率为 $\frac{1}{4}$,若连续抛三枚硬币 24 次,你觉得有多少次三枚硬币同时出现正面或反面?(2) 投掷一枚骰子,得到正面朝上的数字是 3 的倍数的概率是 $\frac{2}{6}=\frac{1}{3}$,若连续投掷 18 次,得到正面朝上的数字是 3 的倍数的次数是多少?这两个热身问题,和这节课的主要内容没有很大的关系,共

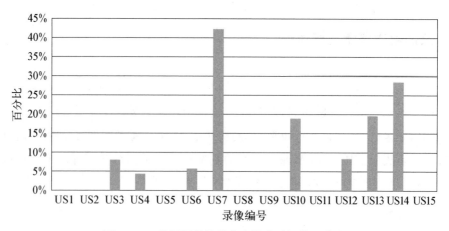

图 5 - 15　美国课堂的热身占课堂时间的百分比

用时 22 分钟。

　　US13 是一节八年级的课程,内容是问卷调查与统计知识,但这节课的热身内容是一道关于相似比例的选择题:已知正五边形 MNPQR 与正五边形 TUVWL 相似,RQ = 1.2,LW = 3.0,正五边形 MNPQR 与正五边形 TUVWL 的相似比是多少?

　　US14 的热身不仅是对上一节课的总结,而且能通过热身复习以前所学过的内容,该内容与这节课有密切的关系。这节课的主要内容是通过比较箱线图(box plot)去解决考古学中的实际问题。这节课的热身部分,教师给学生一组数据,用五数概括法、四分位数间距及数据的异常值等统计量去描述这组数据。在热身的过程中,让学生去复习什么是五数概括法、四分位数间距及数据的异常值等基本的统计知识,而且这些也是这节课中需要用到的知识。

　　总之,热身环节在美国课堂中出现的频率很高,而且作用也有很多种。有的课堂中的热身环节的内容与本节课的主要内容没有关系,但能帮助学生将注意力迅速转移到数学上,很快投入到课堂中来,也有的热身环节的内容是对于本节课要用到的旧知识的复习。

　　2. 复习旧知识

　　相对于中国数学课堂,美国的数学课堂的复习旧知识环节出现的频率仅有 $\frac{1}{3}$,平均用时为 1.8 分钟,平均占整个课堂时间的 3.6%。最长用时为 12.6 分钟,占整个课堂时间的 30.6%。最短用时仅为 1.4 分钟,占整个课堂时间的 2.3%。各节课具体情况见图 5 - 16。

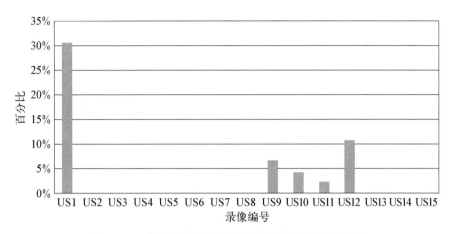

图 5‑16　美国课堂的复习旧知识占课堂时间的百分比

US1 是复习旧知识环节用时最长的课堂,占整个课堂时间的 30.6%。这节课的教学目标有两个,第一个是复习圆柱体的所有知识(Cylinder—Tell me what you know about Cylinder),第二个是线性关系的表示。所以这节课的课堂流程是:教师点出教学目标→师生共同复习圆柱体的知识→关于线性关系任务的设置→学生探索线性关系→全班讨论总结线性关系任务。

复习旧知识环节最短的课堂显示,课堂中需要用到旧知识时,教师引导学生去复习这个知识的概念。但大部分美国课堂没有复习旧知识环节。

3. 呈现本节课主题

呈现本节课主题环节在美国的课堂中经常出现,60% 的美国课堂在课堂的开始阶段会呈现主题,让学生清楚这节课的主要目的。呈现本节课主题一般用时不是很长,平均用时 0.5 分钟,占整个课堂时间的 1.0%。最长的用时是 2 分钟,最短用时是 0.4 分钟。各节课的具体情况见图 5‑17。

US9 的呈现本节课主题环节用时最长,教师首先通过一些现实生活中经常见到的图片,这些图片均是关于一个主题,再让学生去猜测要学习的内容,之后给出这节课的目标,理解如何用概率知识去计算一个游戏的结果。

US1 中教师利用课件给学生呈现本节课主题及教学目标,并读给学生听。这种方式也是多数课堂采用的处理方式。

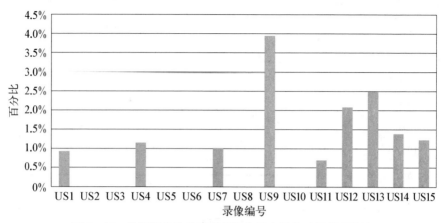

图 5‑17　美国课堂的呈现本节课主题占课堂时间的百分比

4. 任务设置

任务设置是课堂中比较重要的环节之一。在美国的 15 节课堂中,任务设置平均用时 6.4 分钟,占整个课堂时间的 11.3%。最长的用时 18.7 分钟,占整个课堂时间的 26.8%。最短的用时 1.4 分钟,占整个课堂时间的 2.2%。具体 15 节课堂录像的任务设置环节占整个课堂时间的百分比见图 5‑18。

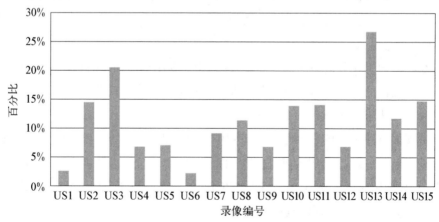

图 5‑18　美国课堂的任务设置占课堂时间的百分比

US13 的任务设置用时 18.7 分钟。这节课是八年级的统计内容,是"样本和总体"中的第二节"从总体中抽取样本"的第一节内容,这节课要解决的主要问题是如何利用样本数据去估计整体的情况。要调查全校学生每天的睡眠情况需要一个样本数据,教师并没有直接给出学生一个样本数据,而是让班级里所有的学生充当样本,让学生选择关于"睡眠"的问卷,得到样本的数据,利用这个数据去估计整体的情况。所以在任务设置环节占用了较长的时间。最简单的任务设置的手段一般是教师利用电子黑板或者学案把需要学生完成的任务介绍给学生,US1 任务设置就是如此。

5. 任务探索

通过对 15 节美国的数学课堂编码,发现几乎所有课堂的任务探索都用时最长。15 节课堂平均用时 23 分钟,平均占整个课堂时间的 41.7%。最长的用时 37.1 分钟,占整个课堂时间的 67.4%。最短的用时 15.9 分钟,占整个课堂时间的 31.9%,但这节课的任务探索环节占整个课堂时间的百分比并不是最小的,最小的百分比为 26.1%,用时 16.4 分钟。图 5‑19 表示美国 15 节数学课堂的任务探索环节占整个课堂时间的百分比。

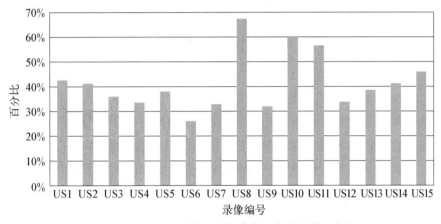

图 5‑19　美国课堂的任务探索占课堂时间的百分比

在任务探索环节,同样利用个人思考、小组合作、师生共同三个编码去区分美国的 15 节课堂。从平均数据上看,小组合作是美国数学课堂任务探索中经常使用的方法,占整个课堂时间的 29.0%,而个人思考次之,占整个课堂时间的 9.3%,师生共同探索占整个课堂时间的 4.2%。

从具体的数据上看,小组合作是美国教师经常使用的任务探索的方法。共有 14 节课堂中,教师明确要求学生寻找自己的搭档,和搭档一起完成任务,而剩余的 1 节课堂中,虽然教师没有明确要求学生使用小组合作的形式,但是到解决任务的后半部分时,学生和学生之间有交流。在 15 节课堂中,有三位教师在任务探索环节采用三种方法,有四位教师同时使用个人思考与小组合作相结合的解决任务的方法,有两位教师采用小组合作与师生共同合作的形式去探究数学任务。图 5‑20

表示 15 节课堂中三种形式占整个任务探索环节的比例的对比。

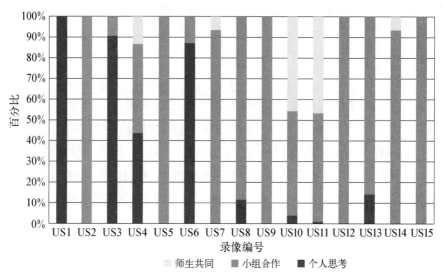

图 5‑20　美国课堂任务探索各编码比较

6. 全班讨论总结

全班讨论总结指对任务的总结阶段,也是数学课堂中的主要阶段之一,美国课堂的样本中,有 1 节课堂没有全班讨论总结。全班讨论总结在美国的数学课堂中平均用时 11.9 分钟,占整个课堂时间的 22.3%。最长的用时 26.6 分钟,占整个课堂时间的 47.6%;最短的用时 4.3 分钟,占整个课堂时间的 9.7%。图 5‑21 显示美国的 15 节课堂的全班讨论总结占整个课堂时间的百分比。

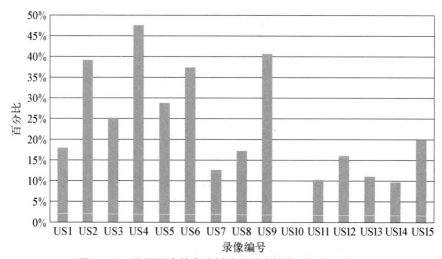

图 5‑21　美国课堂的全班讨论总结占课堂时间的百分比

US10是唯一一节没有全班讨论总结的课堂。这节课任务的执行过程中,教师引导学生思考给出的数学任务,直到整个任务的完全解决,所以在整个的课堂结构中,没有进行全班讨论总结。

7. 课堂小结

课堂小结在中国课堂中是一个很重要的环节,但在美国的课堂中,仅2节课堂具有这个环节,分别占整个课堂时间的6.2%和5.1%(图5-22)。这两节对于课堂小结的处理也有惊人的相似之处。

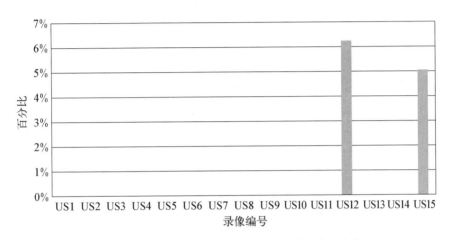

图 5 - 22　美国课堂的课堂小结占课堂时间的百分比

US12和US15在课堂教学的最后阶段,留给学生4分钟左右的时间让学生写出这一节课的收获,如学到了什么知识、用到了什么解题策略等。这与中国的课堂小结有所不同。

8. 其他环节

总结强调关键点、下节课计划等环节在美国的课堂中有出现,但仅是少部分课堂中出现了。

总结强调关键点在15节课堂中出现了两次,分别占整个课堂时间的0.8%及1.8%。

下节课计划在15节课堂中也出现了两次,分别占整个课堂时间的0.9%及1.3%,教师在课堂教学即将要结束时,提出下节课要解决的主要问题。

另外,在美国的15节课中,有1节课是以教师评价学生的家庭作业的情况开始的,教师先评价了前一天留的家庭作业,介绍了正确的解题过程及学生容易出现的问题,用时6.2分钟,占整个课堂时间的12.0%,但这部分不在本章的研究范围内。

（二）美国数学课堂结构特征

1. 全班讨论总结占整个课堂的大部分时间

从对 15 节课堂录像运用课堂结构的编码框架对其编码，并生成各个环节的编码占课堂时间百分比的图中可以发现，美国课堂的结构中，任务设置、任务探索及全班讨论总结三个环节共约占整个课堂时间的四分之三。从图 5 - 23 可以清晰地看出，在所有的课堂结构中，任务探索是整个课堂中时间最长的。从图 5 - 24 中也能看出任务探索是课堂活动中最重要的环节。

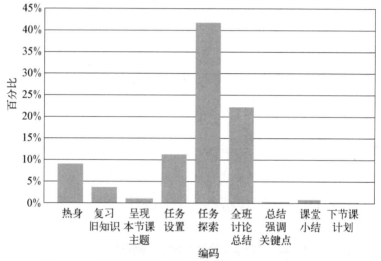

图 5 - 23　美国课堂结构中各环节占课堂时间百分比的均值

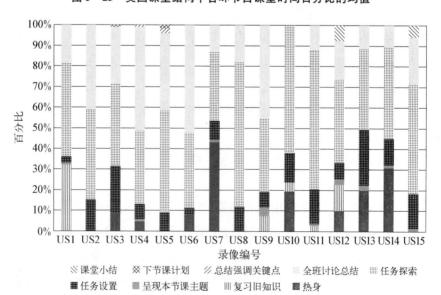

图 5 - 24　美国 15 节课堂结构分布

2. 美国课堂一般只有一个"任务设置→任务探索→全班讨论总结"大循环

对美国的 15 节课堂进行编码分析,研究结果表明,美国教师处理课堂上的数学任务的方式和中国教师对于数学任务的处理方式相同。美国的数学课堂的每节课主要解决一个大的数学任务,所以课堂上通常有一个"任务设置→任务探索→全班讨论总结"大循环,即教师将数学任务介绍给学生,然后学生探索,之后总结数学任务。图 5‑25 是 US8 的编码带,只有三个环节:任务设置、任务探索(小组合作)、全班讨论总结。

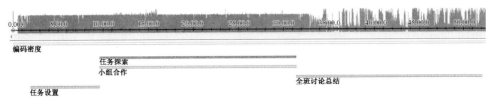

图 5‑25　US8 课堂结构编码带

3. 任务探索环节小组合作居多

在美国的 15 节课堂中,任务探索是占整个课堂时间最多的。任务探索平均占整个课堂时间的 41.7%,其中小组合作的探索形式占整个课堂时间的 29.0%,是大多数美国教师选择的形式之一。在选取的美国课堂样本中,14 节课堂中教师明确指出学生要和自己的"伙伴"一起合作,完成数学任务。

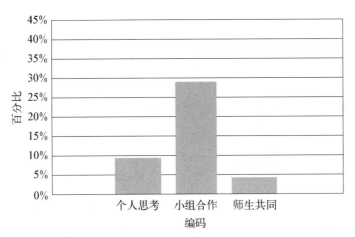

图 5‑26　美国课堂任务探索各编码平均分布

US2 共 50 分钟,开始 12 分钟是任务设置环节,中间 22 分钟是任务探索环节,最后的 16 分钟是全班讨论总结环节。特别在学生探索的 22 分钟内,教师让学生

每4人一个小组,并且每个组内成员有不同的分工。教师在学生探索的过程中,在教室内巡视,并给予各个小组不同的帮助与肯定。最后由每个小组派出代表跟大家分享小组的学习结果。

课堂观察显示,任务探索环节虽然是小组合作的形式,但小组合作时,各个小组成员各有各的主要工作,在任务探索的初期,小组成员自己思考被分配的问题,有了自己的想法后和同伴讨论,共同完成整个任务。

4. 热身环节置于课堂开始阶段

美国课堂的开始往往是教师给学生一个热身的题目,让学生完成,然后进行新的内容的学习。研究中所选取的15节美国课堂中,有8节课堂具有热身这个环节,热身的平均用时为5.1分钟。

热身所选择的题目有很多种。有的热身的内容与本节课内容无关,比如US13是一节八年级的问卷调查与统计知识内容,但这节课的热身内容是一道求两个正五边形相似比的问题;有的热身内容与本节课要学习的新内容息息相关,而且还通过热身的过程,让学生复习了新课需要用到的旧知识,比如US14的主要内容是通过比较箱线图去解决考古学中的实际问题,这节课的热身部分,教师给学生一组数据,用五数概括法、四分位数间距及数据的异常值等统计量去描述这组数据,并在热身的过程中,让学生去复习什么是五数概括法、四分位数间距及数据的异常值等基本的统计知识,这些知识也是这节课中需要用到的。

美国数学课堂的热身环节还有一个独特的作用:让学生快速进入学习状态。美国的中学数学课堂采取"教师坐班、学生走班"的形式,即数学教师有一个固定的教室作为教师办公的地方和学生上课的地点,选择这位教师的课的学生在上课的时间到这位教师所在的教室上数学课。在课堂的开始阶段,学生到达教室的时间不尽相同,为了照顾每一个学生,教师往往利用电子黑板给学生一个题目,并设定好完成热身题目需要的时间,让学生开始安静下来独自完成题目,从而使学生很快进入上课的状态。之后教师和学生一起讨论热身题目,然后学习新知识与内容。

5. 美国课堂给学生充足的时间思考探索

美国课堂显著的一个特征是学生思考的时间比较长。数据表明,课堂上学生平均有21分钟的时间自己思考或者小组合作思考问题,约占整个课堂时间的38.3%。给出学习任务后,几乎所有的教师会留给学生足够的时间独立思考问题,即在任务探索环节,学生各自、成对、分小组或者全班一起去解决问题。

总之,在任务探索环节不管是个人思考或者小组合作,教师给学生留了充分的时间探索。在任务探索环节,不同层次的学生使用不同的策略去解决数学任务,学生自主探究,充分思考,同伴之间很好地交流,集思广益、思维互补、各抒己见、取长补短[19],共同解决数学任务。

三、中美数学课堂结构的差异

利用课堂结构的编码运用软件 Nvivo 对中美的 30 节课堂进行编码分析,并得出数据报表,从数据及课堂的实际观察中可以看出,中美数学课堂有如下的差异:

1. 美国课堂时间长于中国课堂时间

中国 15 节数学课堂的平均时间为 41 分钟,最长的时间为 48 分钟,最短的时间为 37 分钟。美国 15 节数学课堂的平均时间为 54.7 分钟,最长的时间为 70 分钟,最短的时间为 40 分钟。美国课堂时间平均比中国课堂时间约长 13.7 分钟,中国的课堂时间比较集中,大多集中在平均数左右,而美国的数学课堂时间长度差异比较大。图 5‑27 可以清楚地看出中美数学课堂长度的差异。

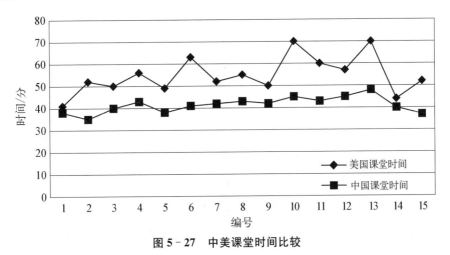

图 5‑27 中美课堂时间比较

2. 课堂结构各环节所占百分比的异同

对 30 节中美数学课堂进行编码分析发现,中美课堂结构中包含的环节不尽相同而且各环节所占比重也不尽相同。

数学任务是一套问题或者一个复杂问题组成的课堂活动,这些问题将把学生的注意力集中在一个特定的数学想法上[30]。数学课堂由学生围绕数学任务上的活动组织和实现,数学任务可以在课堂中传递"数学是什么"[44]。中美的 30 节数学课堂编码数据显示,课堂结构中最主要的组成部分是:任务设置、任务探索、全班讨论总结三个环节,中国课堂的这三个环节平均占整个课堂时间的86.7%,美国课堂的这三个环节平均占整个课堂时间的75.3%(图5-28)。虽然中美数学课堂的主体部分均是任务设置、任务探索、全班讨论总结,但也有不同之处。中国课堂中占主要部分的是全班讨论总结环节,平均用时19.1分钟,占整个课堂时间的46.2%。而美国课堂中占据主要部分的是任务探索环节,平均用时23分钟,平均占整个课堂时间的41.7%。

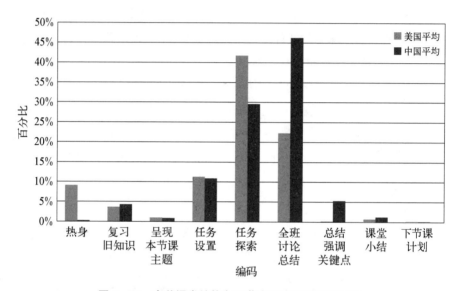

图5-28 中美课堂结构各环节占课堂时间的百分比

从图5-28可以清晰地看出,中美两国课堂复习旧知识、呈现本节课主题、任务设置及课堂小结等环节平均占整个课堂时间的百分比上基本相同,但各环节在课堂中具体的表现形式还有所不同。图5-28也清晰显示热身、任务探索、全班讨论总结、总结强调关键点等环节平均占整个课堂时间的百分比不同。美国课堂的热身环节占整个课堂时间的百分比为9.1%,53.3%的美国课堂均以热身开始,但中国只有一节课由热身开始,但此热身的意义与美国热身的意义还有所不同。中美两国课堂复习旧知识环节虽然平均占整个课堂时间的百分比很接近,分别是4.3%和3.6%,但中国的15节课堂中,有14节课堂中有复习旧知识这个环节,但美国课堂仅有三分之一具有这个环节,其中有一节美国课堂是上几节课的一个总结,教师把"复习以前所学过的圆柱体的知识"当成了这节课的一个教学目标,用时12.6分钟,占这节课时间的30.6%。所以,除了美国的这节课的复习旧知识环节,中国课堂的复习旧知识环节要比美国课堂的复习旧知识用时长。在总结强调关键点这一环节,中国课堂的平均用时明显长于美国课堂,中国课堂此环节平均所占百分比为5.3%,而美国课堂平均所占百分比为0.2%。课堂小结环节,中国课堂的平均百分比为1.2%,美国课堂的平均百分比为0.8%。

3. 任务探索环节的形式不同

任务探索的本质是建议学生各自、成对、分小组或者全班一起去解决提出的问题。学生经历收集数据、寻找解决问题的模式,猜想或发展解决问题的策略等,教师重在指导学生的分组,并在学生探索的过程中给学生提供不同的帮助,肯定部分学生的状态,或对更有潜力的学生进行更深层次的指导,或对有困难的学生提供帮助等。总之,任务探索环节需要接纳不同的学生,接纳不同的学习方式。

美国课堂中任务探索环节平均用时比中国课堂长,所占百分比比中国课堂所占百分比高,美国课堂平均用时 23 分钟,百分比为 41.7%,中国课堂平均用时 12.2分钟,百分比为 29.6%。图 5‑29 是比较任务探索的三种形式:个人思考、小组合作、师生共同,可以发现,美国的课堂中更多地使用小组合作的形式进行任务探索,这种小组合作的形式平均用时 15 分钟,最不经常使用的是师生共同探索,平均用时 2 分钟。而中国教师三种形式选择比较平均,其中个人思考平均用时 5 分钟,小组合作平均用时 3 分钟,师生共同平均用时 4 分钟(图 5‑29)。差异最大的是小组合作,美国课堂的任务探索环节,小组合作平均用时最长,中国课堂的任务探索环节小组合作平均用时最短。美国的 15 节课堂中,有 14 节课堂使用了小组合作的探索形式,中国的 15 节课堂中,仅有 5 节课堂出现小组合作的探索形式。

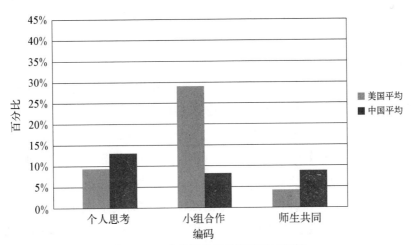

图 5‑29　中美课堂任务探索环节比较

对于师生共同探索,美国使用的比例最小,15 节课堂中,有 5 节课堂使用了师生共同探索的形式解决任务,但在任务探索的过程中,师生共同的探索形式不占主导地位,仅有 2 节课(US10、US11)(图 5‑20)使用的时间比较长,但同时使用小组

合作的探索形式。中国课堂的任务探索形式中,师生共同探索占据比较重要的地位,从图5-5中看出,CN1、CN2、CN9、CN10中主要运用了师生共同的探索形式去解决数学任务。

4. 美国课堂的热身与中国课堂的复习旧知识比较

教育家关注课堂教学如何开始,万事开头难,课堂教学也一样。一节课好的开始阶段有助于提高学生的学习兴趣,将学生的注意力集中到学习上,促进他们课堂的参与等。课堂教学的开始可以是教学内容的定位及介绍,可以是设置一系列的课堂教学的模式,可以为新内容的学习提供必要的准备和铺垫等[124]。学者梅西蒂和克拉克对美国、澳大利亚、日本、瑞典的8节课堂的前十分钟研究表明,美国的3节课堂均是以热身开始。

此次研究的数据表明,8节美国课堂均以热身环节开始课堂教学,平均用时5.1分钟,占整个课堂时间的9.1%,一节课采用了复习旧知识的环节开始了课堂教学。14节中国课堂以复习旧知识开始课堂教学。中国课堂的复习旧知识环节平均用时1.8分钟,占整个课堂时间的4.3%。

中国课堂教学开始的阶段大多数选择了复习旧知识。中国在长期的教学实践中有"教学导入"的概念,如何"导入"是广大教师日常备课需要考虑的课题,中国的数学教学通常由"旧知"导入"新知"[125],即教师通过帮助学生复习与即将学习的新知识有关的旧知识,作业练习题中的错误,温故而知新,从中找到学习新知识的必要性及新旧知识联系的节点,合乎逻辑而又顺理成章地引出新知识的一种导入方法[124]。本书研究结果也表明,中国数学课堂教学大部分选择了复习旧知识这个环节开始课堂教学,与上面的研究结论相同。

美国课堂大多数选择了热身环节作为课堂教学的开端,这是由美国课堂的自身特点所决定的。美国的课堂教学是"教师坐班、学生走班"的形式,即美国没有中国中小学的行政班级制度,学生的事务性管理以年级为单位,而学生的学习管理由每一位任课教师负责。数学教师有一个固定的教室作为教师办公的地方和学生上课的地点。"走班制"课堂教学可以满足不同层次的学生的不同发展需求,可以面向全体学生开设不同类型的课程,不同的学生,上同一门课,可能选择不同的教师。课堂教学的开始,教师采用热身的方式,可以很快地将学生的注意力集中到学习上。美国课堂热身内容的选择有的和即将学习的内容完全无关,有的是即将学习的新知识的准备和铺垫,在热身的过程中,不仅让学生的注意力集中到学习上,而且还通过热身复习与新知识相联系的旧知识,给学习新的内容提供必要的准备。

中国课堂的复习旧知识主要的作用是温故知新,帮助学生梳理与新知识相联系的旧知识,对新知识的引入顺理成章,不显突兀。从这一方面讲,中国课堂中,有一节没有复习旧知识便合理了,因为这节课的新知识是统计这一新内容的开始,前面学习的图形与几何或者数与代数部分和此部分关系不大。

5. 中国教师更喜欢总结强调关键点

在课堂中解决任务阶段,中国的 15 节课堂中有 9 节课堂在全班讨论总结后,增加了一个环节:总结强调关键点,平均用时 2.2 分钟,占整个课堂时间的 5.3%。此环节一般是在任务探索后,大部分学生已经有了解决任务的方法或者思路,通过教师主导下的全班讨论总结此任务,到此为止,学生基本上已经完全清楚此任务的解决方案及解决此任务要用到的数学知识,这时,教师为了重点强调任务中所需要用到的知识点或者任务中易错的知识,重新强调重要的关键点等。

美国的 15 节课堂中,只有 2 节课堂中教师在任务探索及全班讨论总结结束后,对本任务进行总结强调关键点,且所占用的时间很短。

6. 课堂小结方式的异同

中美数学课堂中均出现了课堂小结,特别是中国数学课堂,40%的课堂有课堂小结,即教师总结这节课所学的主要内容及需要注意的事情,而且其中一节课堂小结的时间占整个课堂时间的 11.8%。美国数学课堂中仅有 2 节有课堂小结,分别占整个课堂时间的 6.2%和 5.1%。

中美课堂小结的内容也有所不同。中国的课堂小结一般由教师帮助学生总结或者教师提问学生总结这节课所学的主要的知识点及易错点,作为一节课的结束。美国的 2 节课堂小结是教师让学生写下来这节课的收获是什么,用到了什么样的学习策略等,是学生对这节课的主要的体会,重点在于学生的收获。

7. 不同的"引入"

观察中美课堂,发现一个有趣的区别,即"引入"。中国课堂的"引入"往往与"教学引入"相关联,而美国课堂的"引入"一般是对数学任务的设置。

美国课堂的引入指教师将数学任务介绍给全班学生,包括帮助学生理解整个问题、问题的数学背景及问题中所蕴含的挑战。美国课堂引入阶段是从教师开始介绍新思路、介绍新概念、回顾旧概念或将问题与学生以前的经历相联系等教学行为开始。此阶段需要给学生一个需要解决问题的清晰画面,但教师需要保持任务的认知水平,不要告诉学生太多,不要降低任务的挑战性,使任务变成例行的事情或者不要删掉能让学生充分参与课堂活动的一些教学策略[55]。

中国在长期的教学实践中有"教学导入"的概念,如何"导入"是广大教师日常

备课需要考虑的课题。常用的教学导入有：直接导入、温故导入、情境导入、问题导入等[124]。义务教育阶段的数学课程标准的基本理念中有"课程内容要贴近学生的实际，反映社会的需要，呈现内容的素材应贴近学生的现实，包括生活现实、数学现实及其他学科现实"[28]，为在课堂教学中贯彻落实课程标准的基本理念，教师在课堂教学的开始阶段，通过音乐、图画、动画、录像及满怀激情的语言创设新奇、生动、有趣的学习情境，这些情境联系学生日常生活，为要学习的内容进行铺垫，搭好脚手架，便成了中国特色的"情境导入"。

中国课堂的"情境导入"用与学生的日常生活相联系的"生活情境"引入即将要学习的新内容，问题情境仅为新内容的出场作铺垫。美国课堂的生活情境的"引入"是指将带有生活情境的数学任务介绍给学生，然后让学生利用数学知识去解决带生活情境的问题，从中再学习新的数学知识。弗赖登塔尔的《现实数学教育》中也强调"现实的数学"，不仅包含现实生活，而且包括学生所积累的数学知识和方法的"数学现实"以及其他学科的积累的"现实"[126]，中国的数学课堂教学内容中联系学生现实，但学生现实的使用一般在课堂教学开始的阶段。

第六章／中美数学课堂数学任务的实施比较研究（一）

——任务认知水平的变化的比较研究

数学任务认知水平在不同的阶段可能会发生改变,改变的原因是什么? 中美课堂教学中任务认知水平变化的情况及其变化的原因是什么? 有什么异同? 这是本章要研究的问题。

第一节　编码设计

一、编码设计

数学课堂教学中的数学任务决定着学生能学到什么知识内容,有什么样的思维发展。自从研究者关注到课堂教学研究,数学教学任务一直是研究的焦点。从美国匹兹堡大学对美国数学课堂中数学任务的调查研究,到 TIMSS 对参与国的数学课堂中数学任务的量化研究比较,LPS 通过质性分析对各国数学任务的研究。但中国数学课堂中数学任务的研究仅有将认知水平的分类应用到案例分析中,对于中美的对比研究更是少见。

数学任务认知水平在不同的阶段可能会发生改变。例如,教师建立的数学任务是为了让学生参与到做数学的活动中,但在任务的执行阶段,学生参与的数学任务有可能变成了无联系的程序型任务。数学课堂中数学任务的认知水平的变化因素很多,认知水平的变化影响着学生对数学内容的理解与学习,甚至影响学生思维程度的变化。导致任务认知水平变化的原因有很多,QUASAR 项目组通过 5 年的项目研究发现降低和维持学生执行数学任务的水平有很多因素,具体见表 2-1。

本章为比较中美两国课堂数学任务认知水平的变化及变化因素,部分因素编码采用 QUASAR 项目基于美国课堂教学的研究发现(表 2-1)。实际观察中美两国的数学课堂教学,发现在实际的课堂中,师生的行为可以提高任务的认知水平。比如,教师在执行完一个任务后,有时会给学生提出一个新任务,让学生去思考这个任务,从而使任务的认知水平提高,这种情况编码记为I1;教师不但提出新的问题来强调任务的概念、意义等,而且通过反问、提问等方式促使学生对答案进行解释说明,这种情况编码记为I2;在任务的实施过程中,虽然任务没有要求解释说明,但学生通过向教师或者全班学生提出自己不知道的问题提高了任务的认知水平,这种情况编码记为I3。

在课堂教学的过程中,数学任务的设置顺序也影响着数学任务的认知水平。比如,两个解决方法思路基本相同的数学任务,前面的数学任务可能维持其认知水平,但后面的数学任务因为已经有了一定的解决方案和思路,任务的认知水平降低了。

表6-1是根据文献及实际课堂中出现的情况所设计的影响任务认知水平变化因素的编码。

表6-1　影响任务认知水平变化的因素

	降低任务认知水平的相关因素	维持任务认知水平的相关因素	升高任务认知水平的相关因素
任务本身因素	D1:数学任务在课堂中出现的位置影响着任务本身的认知水平 D2:对本班学生而言此任务不合适,如学生由于缺乏兴趣、动机或者先验知识去参与到高水平的任务中	M1:任务建立在学生的先验知识之上	
教师因素	D3:教师"接管"学生的思考和推理,直接告诉学生怎么解决这个任务或者提供给学生一套解决任务的程序或者教师给出反馈、例子、模型等 D4:教师将任务所关注的概念、意义、理解等重点转向问题的正确性和完整性 D5:教师没有使学生对自己的高水平的解答过程和结果负责(比如,尽管教师要求学生解释他们的思路与想法,但教师还是接受了学生不清楚或者不正确的解释,学生留下的印象是他们所做的不会影响到他们的最后成绩) D6:教师没有给学生提供足够的时间去探索任务或者教师给学生过多时间去解决任务,以致学生开始做其他的事情 D7:教师忽略有挑战性的部分(指当教师已经给学生布置了任务,但在课堂中教师忽略有挑战性的部分。比如,任务要求学生解释	M2:教师给学生的思维和推理提供脚手架 M3:教师通过提问、评价、鼓励及反馈等方式促使学生判断、解释和推理 M4:教师经常进行多个概念之间的联结或者强调总结任务所关注的概念、意义等 M5:给学生适当的时间去探索任务(不太短,也不太长) M6:为学生的思维发展过程的自我检测提供方法	I1:教师在任务解决后又提出新的问题来强调这一任务的概念、意义等 I2:在任务没有要求的情况下,教师在任务实施的过程中要求学生提供证据或者解释说明

（续 表）

	降低任务认知水平的相关因素	维持任务认知水平的相关因素	升高任务认知水平的相关因素
教师因素	原因,但任务的执行过程中,教师没有让学生解释;再如,在任务的引入或者执行阶段,教师明确告诉学生跳过有挑战性的部分或者他们没有时间去解决挑战性的部分)。此项还包括没有证据证明学生参与到具有挑战性的任务中 D8:教师将任务的解决办法程序化,比如教师示范了如何解决此类任务(教师先解决和此任务非常相似的例子),或者告诉学生解决此类任务一步一步的做法,或者提示学生解决此类任务需要怎么做,甚至将描述任务的文字语言直接转化成数学符号语言	M7:教师提供高水平的示范模式	
学生因素	D9:徒劳的探索,学生参与到探索中,探索阶段混乱或者学生的探索不包含数学	M8:有能力的学生提供高水平的示范模式	I3:学生提出新的问题,提高任务的认知水平
其他因素	D10:课堂管理方面的问题影响了学生参与到高认知水平的任务之中		

注: D1、D2、D3、D4、D5、D6、D7、D8、D9、D10、M1、M2、M3、M4、M5、M6、M7、M8、I1、I2、I3 为各编码代码。

二、编码举例说明

根据影响任务认知水平的因素,表6-2～表6-4从研究的样本中选出实例来说明各个编码。

1.降低任务认知水平因素的案例

表6-2 降低任务认知水平的相关因素编码举例说明

编码代码	编码举例说明
D1	CN13 中第 6 个任务为:计算下面三个小题 $(1)(3x+2)(3x-2)$; $(2)(b+2a)(2a-b)$; $(3)(-x+2y)(-x-2y)$。 而第8个任务为:计算两个小题 $(1)(-x-2y)(-2y+x)$; $(2)(2x+5)(5-2x)$。 因为第6个任务已经出现类似的题目,所以第8个任务的认知水平有所下降,学生完全可以类比前面的解题思路和过程完成这个任务。

编码 代码	编 码 举 例 说 明
D2	US14 中出现的学习任务，涉及八年级的数据统计，需要学生验证一个考古学家假设的问题。考古学家发现了古代的箭头，并记录了箭头的长、宽及茎宽的数据，考古学家认为，在同一地区和同一时期，同一类工具之间的特征应该类似，请根据箱线图比较已知时期的箭头的相关数据和新挖掘出来的箭头的相关数据，并根据你的结果，猜测新挖掘出的工具的时期，请说明你的理由。 本任务让学生利用知识解决实际生活的问题，但在实施的过程中发现，学生对如何画出一组数据的箱线图还有疑问，更不能比较箱线图，所以可以认为此任务不合适本班学生，学生缺乏先验知识去解决这个高水平的任务。
D3	任务引入给学生后，不给学生思考的时间，直接告诉学生应该怎么解决此任务。比如，US4 中的数学任务：金有 9 张唱片，她卖掉了 4 张唱片，现在她还有 $9-4=5$ 张唱片，怎么理解 $9-4=5$。教师引入任务后，直接用软件描述 $9-4$ 的含义：将 9 张唱片中的 4 张"拿走"。此任务实施的过程中，教师并没有给学生思考的机会，而是直接给学生提供解决任务的程序。 US3 课堂中，教师给出一个大的朵拉的图像，但在工作的过程中，此朵拉的图像太大，需要把朵拉图像变小，在操作的过程中给出了三张图，第一张图只将朵拉图像的宽压缩，第二张图只将朵拉图像的长压缩，第三张将朵拉图像的长和宽成比例地压缩了。请学生判断哪个图像更像原来的朵拉。 任务引入后，教师教给学生"比率"（scale facter）的概念，并告诉学生如果两个图像的长和宽有相同的"比率"，那么两个图像看起来一样。之后，请学生计算三个图像长和宽的"比率"，并比较三个图像长和宽的"比率"和原来朵拉图像的"比率"。 此任务的解决过程中，教师提示学生如何解决此任务并提供给学生一套如何解决此任务的程序。
D4	CN2 中的第 5 个数学任务：在 Rt$\triangle ABC$ 中，BD 是角平分线，$DE \perp AB$，垂足是 E，已知 $DC=5$ cm，求 DE 的长度。 此任务的解决过程中，学生给出结果，教师向学生强调解决的正确性，但并没有关注此任务中蕴含的概念、意义、理解等。
D5	US12 中的任务 杰佛逊县刚建立的时候，为了吸引更多的人到这个城市来，建造了杰佛逊购物中心。这个购物中心被分割成很多个部分，每个部分进驻一个商店。用英里作为单位，测量每个部分的长、宽或者用平方英里作为单位测量每个部分的面积，1 平方英里＝640 英亩。 (1) 用分数表示每个商店的面积占总购物中心面积的比值。 (2) 假设"美国鹰"商店将"老海军"商店收购，那么"美国鹰"将占整个购物中心的几分之几？用一个数学式子表示出来。 (3) 你能否找到几个店主，使他们的商店面积的和占整个购物中心的 $\frac{1}{2}$？请用一个数学式子表示出来。 在任务解决的过程中，学生给出了(2)的答案，但此学生的解决过程有一个很大的问题，在表示一部分占总体的份数时，学生给的基本基数大小不一，但在计算分数或者百分比时，学生直接用自己画的"美国鹰"商店所拥有的份数比上总份数，并以得到的比值为答案，这是一种错误解法。教师并没有指出这个问题，而是接受学生的想法及解题过程。教师接受了学生不清楚或者不正确的解释，影响了高质量地完成任务。

编码代码	编码举例说明
D6	CN7 中,教师用电子黑板给出要解决的任务后,便立刻请个别学生回答,在此学生回答的过程中,其他学生不仅要倾听此学生的回答,还要思考自己的解决办法。教师没有给学生足够的时间思考任务。
D7	CN3 中任务:你想知道我们全班同学对新闻、体育、动画、娱乐、戏曲五类电视节目的喜爱情况,你会怎么做? 教师给出任务后,直接告诉学生:"刚才这个问题我设计了一个调查问卷。"让学生调查完 50 个数据,运用数据完成表格。 此任务的实施过程中,教师并没有让学生思考此任务,此任务最具有挑战性的部分是让学生设计调查问卷,但教师直接忽略此过程。
D8	CN2 中的任务:已知△ABC 的角平分线 BM、CN 相交于点 P。求证:点 P 到三边 AB、BC、CA 的距离相等。 教师通过电子黑板直接呈现文字的任务后,留出时间让学生独立思考。教师在学生自己思考的过程中,巡视并指导了 2 个学生,但 3 分钟后,教师同样发现,有很多学生没有解题的思路,于是开始提问。 教师:不写解题过程,有想法的同学举手。太少了,那我们一起看一下这道题。 教师:结论要求是求距离,但图上没有,第一步要干什么? 学生:做出来。 教师:那怎么做呢? …… 教师:三条垂线段做出来后,它们真的相等吗? 教师:如果要证明第三边跟它们相等,怎么办? 教师:那怎么说明三边相等呢? 教师通过一连串的问题,给学生提供了一个解决此任务的步骤,提示学生该如何解决此任务。
D9	任务实施的过程中,学生并没有真正地参与到数学任务的探索中,而是做了一些和数学无关的活动,在本书的研究样本中,D9 因素没有出现。
D10	US13,在任务解决的过程中,教师还要处理学生之间的矛盾,而耽误了学生参与到任务的解决过程中。

2. 维持任务认知水平因素的案例

表 6-3　维持任务认知水平的相关因素编码举例说明

编码代码	编码举例说明
M1	US7 中的任务是通过马拉松舞会给学校的情人节舞会筹集资金。此任务适合本班学生,因为在美国的中小学中,学校经常举办各种聚会及舞会让学生参加,学生也经常参与到此类社交活动中。

（续　表）

编码代码	编　码　举　例　说　明
M2	CN5 中,为解决三角形的底边长从 12 cm 变换到 3 cm 时,三角形的面积发生怎样的变化这个任务,先让学生解决:(1) 此情景中的自变量和因变量分别是什么?　(2) 如果三角形的底边长为 x cm,那么三角形的面积是多少? (1)和(2)为整个任务解决作了一个铺垫,搭建了"脚手架"。
M3	教师促使学生解释自己的答案。
M4	US2 中,要用四种语言(文字语言、符号语言、图形语言、表格语言)去解决线性函数,教师经常联结四种语言中所描述定义之间的关系。比如,图形中线性函数的截距与符号语言 $y = ax + b$ 中的 b 之间的关系,截距在实际的问题中指的是什么等。
M5	给学生适当的时间去探索任务,此编码的判断依据是大部分的学生已经解决任务或者已经有了解决任务的思路与方法。
M6	CN1 中,任务是证明到角两边距离相等的点在角平分线上。在教学过程中,教师为了让学生判断自己的思路是否正确,提醒学生可以从几个角度去证明。
M7	此编码在本书研究的样本中没有例子出现。
M8	US2 中,学生在任务的总结阶段给出了高水平的示范作用,总结了任务的解决过程。

3. 升高任务认知水平因素的案例

表 6‑4　升高任务认知水平的相关因素编码举例说明

编码代码	编　码　举　例　说　明
I1	US2 中,在解决完主要的任务后,教师又手写出一个新的任务让大家思考。
I2	CN8 中,要学生解决的任务为:在 $\triangle ABC$ 中,$AB = AC$,$BD = DC$,则下列结论错误的是(　　)。 A. $\angle BAC = \angle B$　　　B. $\angle 1 = \angle 2$　　　C. $AD \perp BC$　　　D. $\angle B = \angle C$ 当学生选出正确的答案后,教师要求学生给出错误的原因,并改正错误的答案。此行为提高了此任务的认知水平。
I3	在 CN10 中,学生对 $z^5 \div z^5 = z^0 = 1$ 的问题提出疑问。 学生:这个式子中 z 可以代表任意的数,但没有确定 z 是不是零之前,不能将它写成 1。 教师:他的问题谁听懂了,谁能解释一下? 学生的问题提高了此任务的认知水平。

第二节　中国数学课堂任务执行中认知水平的变化

一、数据统计分析

根据任务实施过程中认知水平变化及变化因素对 15 节中国数学课堂中的数学任务按不同表现形式分别进行统计,得到表 6-5 和表 6-6。

表 6-5　中国课堂任务认知水平变化总量

	任务量	降低	维持	升高
热身任务	1	1	0	0
导入任务	1			
复习任务	20	2	1	0
学习任务	47	26	14	2
练习任务	60	36	9	5
总　　量	129	65	24	7

表 6-6　中国课堂任务认知水平变化因素统计表

	热身任务	复习任务	学习任务	练习任务	总　计
D1		1	4	35	40
D2					
D3			17	1	18
D4			1	1	2
D5			8		8
D6			11	7	18
D7	1		5		6
D8		1	16	13	30
D9					
D10					

（续　表）

	热身任务	复习任务	学习任务	练习任务	总　计
M1		1	4		5
M2			1		1
M3		1	8	7	16
M4			3	1	4
M5			3	1	4
M6			2		2
M7					
M8		1	9	2	12
I1			1	2	3
I2			1	4	5
I3				1	1

注：空白处为"0"。

本节研究旨在说明任务认知水平变化的原因，需要说明的是，一些任务的认知水平没有变化，若没有变化的原因没有涉及编码的因素，则没有记录。比如，课堂教学开始阶段的复习任务，教师提问一个旧的概念，学生回答，认知水平为水平1，从问题的提出到学生的回答，认知水平没有变化，不涉及编码因素，不在研究的范围之内，还有中国课堂中唯一的导入任务也不在研究范围内。所以，对于任务认知水平的变化会出现表6-5中的情况：比如，中国课堂的复习任务量为20，在任务实施过程中，认知水平降低的有2个，维持的有1个，升高的有0个。

对于同一个任务，在任务实施过程中影响任务认知水平的原因不止一个，不仅有降低因素，也可能有升高和维持的因素，在计算任务认知水平变化的总个数时，关注最后任务的认知水平是升高还是降低。在分析任务认知水平变化因素的时候，会将一个任务中的多个变化因素计算在内，所以表6-6的总和并不等于总任务量。

二、中国数学课堂任务认知水平的变化特点分析

通过数据统计和录像观察，发现中国课堂任务认知水平变化有如下特征：

1. 认知水平降低的任务量占总任务量的比例最高

用任务认知水平变化的任务量除以总任务量,得到任务认知水平平均变化情况,图6-1是中国课堂任务认知水平降低、维持、升高的平均情况。从数据统计中可以看出,比例最高的是认知水平的降低,有65个数学任务在实施的过程中认知水平是降低的,约占总任务量的50.4%;有24个数学任务在实施的过程中认知水平是维持的,约占总任务量的18.6%;认知水平在任务实施过程中升高的所占比例最少为5.4%,共有7个数学任务。

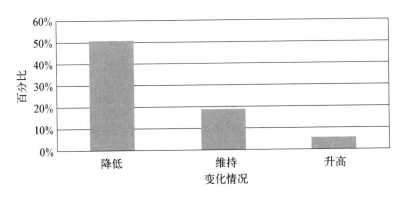

图6-1　中国课堂任务认知水平平均变化

2. 各类任务认知水平降低的比例不同

用各类任务中降低的数学任务数量除以认知水平降低的总量,得到各类数学任务中认知水平降低的比例,见图6-2。中国课堂的各类任务认知水平降低的比率最高的是练习任务,占55.4%;其次是学习任务,占40%;中国的课堂中2个复习任务和1个热身任务的认知水平是降低的,占认知水平降低的总任务量的比例很小。

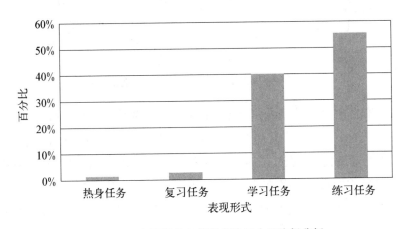

图6-2　中国课堂各类任务认知水平降低分析

在数据统计的过程中也可以看出,热身任务在中国 15 节课堂中仅有一个,即 CN14 中的第一个任务。比一比,看谁快:当 a、b 取下列数时,计算 $a^2 - b^2$ 平方的值。(1) $a = 5, b = 3$;(2) $a = 10, b = 8$;(3) $a = 2\,005, b = 2\,003$。在实施的过程中,此任务的第三个小问题并没有解决,而是被当作本节课的引入,所以此任务的认知水平降低的原因是因为教师忽略了挑战性的部分。

复习任务共有 20 个,仅 2 个任务认知水平降低,这 2 个任务的认知水平均为 2,但任务引入给学生后,认知水平变为 0 和 1。其中,CN2 的复习任务为用尺规作图画出角平分线,但教师并没有给学生机会参与此任务,而是自己复习了尺规作图画角平分线,所以学生没有参与到数学任务的实施中,认知水平降为 0。CN10 的复习任务为解决同底数幂相乘的填空题,由于在前一个任务出现了同底数幂相乘的情况,此任务出现在后面,因此任务的认知水平降低了。

3. 学习任务在认知水平维持中比例最高

用各类任务中认知水平维持的任务量除以认知水平维持的总量,得到中国课堂中认知水平维持的比例,见图 6-3。统计结果显示,学习任务在实施的过程中认知水平维持的比例最高,占 58.3%,其次是练习任务,占 37.5%。复习任务仅有 4.2% 的任务维持了认知水平。

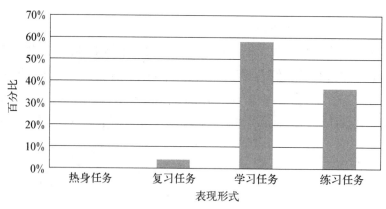

图 6-3　中国课堂各类任务认知水平维持分析

4. 各类任务中只有学习任务和练习任务有极少数的认知水平的升高

用各类任务中认知水平升高的任务量除以认知水平升高的总量,得到各类任务认知水平升高的比例,见图 6-4。从数据统计中可以看出,只有学习任务和练习任务两种形式的数学任务在实施的过程中有任务的认知水平升高,占认知水平升高的总量比例分别为 28.6% 和 71.4%,学习任务共有 2 个认知水平在实施的过程中升高,练习任务共有 5 个认知水平在实施的过程中升高。

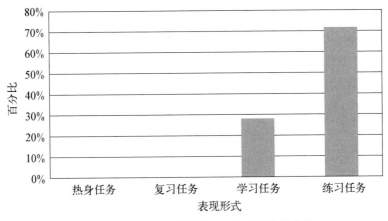

图 6 - 4　中国课堂各类任务认知水平升高分析

5. 中国课堂任务认知水平降低因素分析

从编码设计中可以知道,认知水平降低因素共有 10 个,对 65 个认知水平降低的数学任务中的降低因素进行编码分析,并用各类认知水平降低因素的任务量除以总的认知水平降低的任务量 65,得到图 6 - 5。可以看出,导致中国课堂任务认知水平降低的首要因素为 D1(数学任务在课堂中出现的位置),共有 40 个数学任务的认知水平的降低因素之一为此因素,占总认知水平降低任务量的 61.5%。其次是 D8(教师将任务的解决办法程序化),共有 30 个任务认知水平降低的因素之一为此因素,占总认知水平降低任务量的 46.2%。再次是 D3、D6,均有 18 个数学任务认知水平降低的因素之一为 D3 和 D6,各占总认知水平降低任务量的 27.7%。最少的是 D4,仅有 2 个任务认知水平降低的因素之一为此因素。没有发现 D2、D9、D10 三个因素。

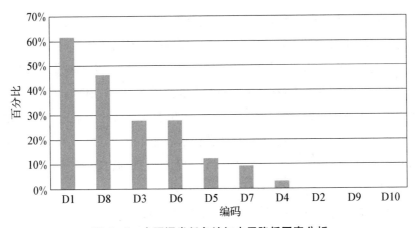

图 6 - 5　中国课堂任务认知水平降低因素分析

6. 中国课堂任务认知水平维持因素分析

从编码设计中可以知道,在任务的实施过程中,任务认知水平维持的因素有 8 个。中国课堂中共有 24 个数学任务在实施过程中是维持其认知水平的。统计各任务认知水平维持的原因,得到各维持因素的比例,见图 6-6。可以看出,中国课堂在任务实施过程中认知水平维持的主要因素为 M3(教师通过提问、评价、鼓励及反馈等方式促使学生判断、解释和推理),共有 16 个数学任务认知水平维持的因素之一为 M3,占总认知水平维持任务量的 66.7%。其次是 M8(有能力的学生提供高水平的示范模式),共有 12 个数学任务认知水平维持的因素之一为 M8,占总认知水平维持任务量的 50%。接着影响任务认知水平维持的因素分别是 M1、M4、M5、M6、M2,分别占总认知水平维持任务量的 20.8%、16.7%、16.7%、8.3%、4.2%。在中国的课堂的数学任务中,没有发现 M7 因素。

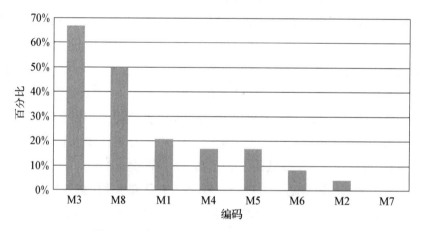

图 6-6 中国课堂任务认知水平维持因素分析

7. I2 为中国课堂数学任务认知水平升高的主要因素

任务认知水平升高的因素一共有三个,分析 15 节中国课堂发现,共有 7 个数学任务在实施过程中认知水平有所升高。统计认知水平升高的因素,发现影响任务认知水平升高的主要因素为 I2(在任务没有要求的情况下,教师在任务实施的过程中要求学生提供证据或者解释说明),有 5 个任务认知水平升高的因素之一是 I2,占总认知水平升高任务量的 71.4%,有 3 个任务认知水平升高的因素之一为 I1,占总认知水平升高任务量的 42.9%。仅 1 个数学任务认知水平升高的因素之一为 I3(图 6-7)。

8. 练习任务与学习任务认知水平变化的不同

(1)所有课堂中的数学任务,占主体的是学习任务和练习任务。比较这两类任务中认知水平变化的情况,可以看出,两类任务的认知水平变化大体相当,大部

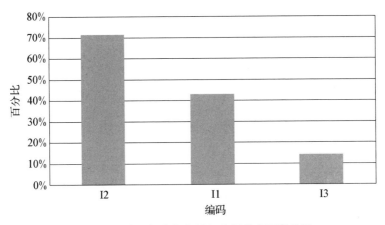

图 6 - 7　中国课堂任务认知水平升高因素分析

分任务在实施的过程中认知水平会降低,只有少部分任务的认知水平在任务实施过程中会升高。认知水平维持所占的比例学习任务比练习任务高,但认知水平升高和降低所占的比例练习任务比学习任务高(图 6 - 8)。

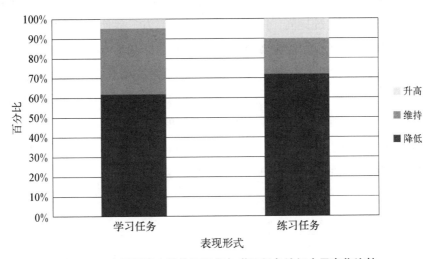

图 6 - 8　中国课堂中的练习任务与学习任务认知水平变化比较

(2) 比较中国课堂中学习任务和练习任务中认知水平降低的因素,图 6 - 9 是两类任务认知水平降低因素的比较,可以看出,影响练习任务认知水平降低的主要因素为 D1(数学任务在课堂中出现的位置),共 35 个练习任务受此因素影响。而影响学习任务认知水平降低的主要因素为 D3(教师"接管"学生的思考和推理),共 17 个学习任务受此因素影响。因素 D8(教师将任务的解决办法程序化)也是影响两类任务认知水平降低的重要因素之一,分别有 16 个学习任务和 13 个练习任务受此因素影响。

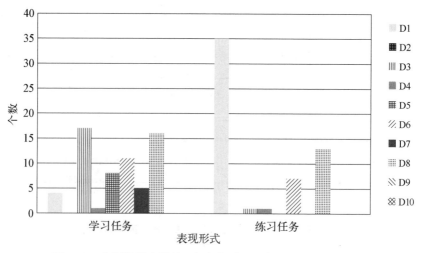

图 6 - 9　中国课堂中的练习任务与学习任务认知水平降低比较

（3）比较中国课堂中的学习任务和练习任务中认知水平维持的因素，图 6 - 10 是两类任务认知水平维持因素的比较，可以看出，影响练习任务认知水平维持的主要因素为 M3（教师通过提问、评价、鼓励及反馈等方式促使学生判断、解释和推理），有 7 个练习任务受此因素影响。同时，M3 也是影响学习任务维持认知水平的主要因素之一，有 8 个学习任务受此因素影响。影响学习任务认知水平维持还有一个重要因素为 M8（有能力的学生提供高水平的示范模式），有 9 个学习任务受此因素影响。同时，在维持练习任务认知水平不变的因素中，M8 也是重要的因素之一。因素 M1（任务建立在学生的先验知识之上）也是影响学习任务维持认知水平的一个重要因素，而在练习任务中没有发现此因素。

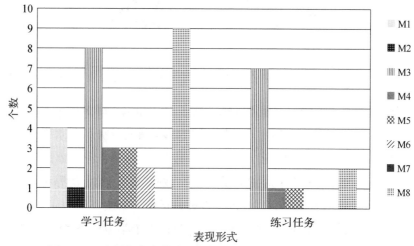

图 6 - 10　中国课堂中的练习任务与学习任务认知水平维持比较

(4) 比较中国课堂中学习任务和练习任务中认知水平升高的因素,图 6-11是两类任务认知水平升高因素的比较,可以看出,影响学习任务认知水平升高的因素为两种: I1 和 I2,影响练习任务认知水平升高的因素为三种,主要的因素为 I2。

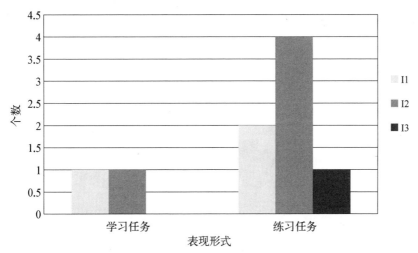

图 6-11　中国课堂中的练习任务与学习任务认知水平升高比较

第三节　美国数学课堂任务执行中认知水平的变化

一、数据统计分析

根据任务实施过程中认知水平变化及变化因素对 15 节美国数学课堂中的数学任务按不同表现形式分别进行统计,得到表 6-7 和表 6-8。

表 6-7　美国课堂任务认知水平变化总量

	任务量	降低	维持	升高
热身任务	8	1	0	0
复习任务	3	0	0	0
学习任务	22	13	7	2
练习任务	6	4	2	0
总　量	39	18	9	2

表6-8　美国课堂任务认知水平变化因素统计表

	热身任务	复习任务	学习任务	练习任务	总　计
D1			3	2	5
D2			1		1
D3			12	1	13
D4					
D5			2	1	3
D6			4		4
D7			5		5
D8			5	1	6
D9					
D10	1		12	2	15
M1			3		3
M2			4		4
M3			3	1	4
M4			2	1	3
M5			7	2	9
M6					
M7					
M8			1		1
I1			2		2
I2					
I3					

注：空白处为"0"。

二、美国数学课堂任务认知水平的变化特点分析

通过数据统计及录像观察，发现美国课堂中任务认知水平变化有如下特征：

1. 认知水平降低的任务量占总任务量的比例最高

美国15节课堂中共有39个数学任务，用任务认知水平变化的任务量除以总任务量，得到任务认知水平平均变化情况，图6-12是美国课堂任务中认知水平降低、维持、升高的平均情况。从数据统计可以看出，比例最高的是任务认知水平的

降低,有 18 个数学任务在实施的过程中认知水平是降低的,约占总任务量的46.1%;有 9 个数学任务在实施的过程中认知水平是维持的,约占总任务量的23.1%;认知水平在任务实施过程中升高的比例最少为 5.1%,共有 2 个数学任务。

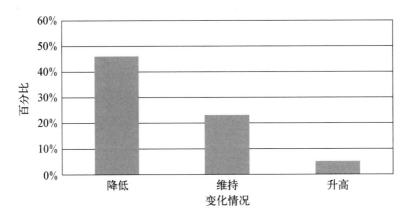

图 6-12　美国课堂任务认知水平平均变化

2. 学习任务在认知水平降低中占的比例最高

用各类任务中降低的数学任务数量除以认知水平降低的总量,得到各类数学任务中认知水平降低的比例,见图 6-13。美国课堂的各类任务认知水平降低的比例最高的是学习任务,比例为 72.2%;其次是练习任务,占总练习任务的 22.2%;热身任务有 5.6%认知水平是降低的。复习任务因不涉及编码因素,没有统计认知水平变化。

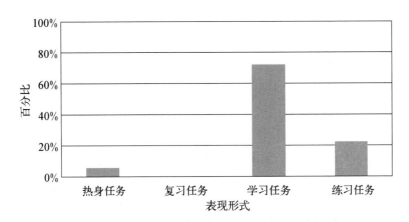

图 6-13　美国课堂各类任务认知水平降低分析

学习任务在实施的过程中认知水平降低的比例比较高,这与美国课堂中学习任务所占比例比较高有关,有的课堂中仅解决一个复杂的学习任务。

3. 学习任务在认知水平维持中比例最高

共有 9 个数学任务在实施的过程中维持了任务的认知水平,用各类认知水平维持的任务量除以认知水平维持的总量,得到美国课堂中认知水平维持的比例,见图 6 - 14。统计结果显示,学习任务维持认知水平的比例比较高,占 77.8%,其次是练习任务,占 22.2%。

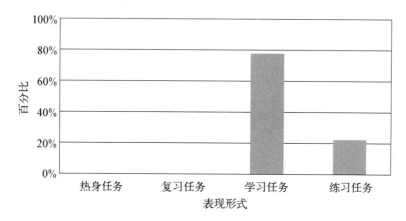

图 6 - 14　美国课堂各类任务认知水平维持分析

4. 各类任务中只有学习任务有极少数的认知水平的升高

用各类任务中认知水平升高的任务量除以认知水平升高的总量,得到各类任务认知水平升高的比例,见图 6 - 15。从数据统计中可以看出,有且仅有 2 个学习任务在实施的过程中认知水平升高。

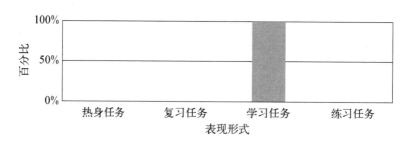

图 6 - 15　美国课堂各类任务认知水平升高分析

5. 美国课堂任务认知水平降低的主要因素为课堂管理方面的问题

从编码设计中可以知道,认知水平降低因素共有 10 个,对美国课堂的 18 个认知水平降低的数学任务中的降低因素进行编码分析,并用各类认知水平降低因素的任务量除以总的认知水平降低的任务量,得到图 6 - 16。可以看出,导致美国课堂任务认知水平降低的首要因素为 D10(课堂管理方面的问题),共有 15 个数学任务的认知水平的降低因素之一为此因素,占总认知水平降低任务量的83.3%。其次是D3(教师"接管"学生的思考和推理),共有13个任务认知水平降低的因素之一为此因素,占总认知水平降低任务量的72.2%。接近$\frac{1}{3}$的任务认知水平降低的因素是D8(教师将任务的解决办法程序化)。四类因素D1、D7、D6、D5对任务认知水平降低的影响不是很大。影响认知水平降低最少的因素是D2,仅有1个任务在实施过程中受到此因素影响。没有发现D4、D9两个因素。

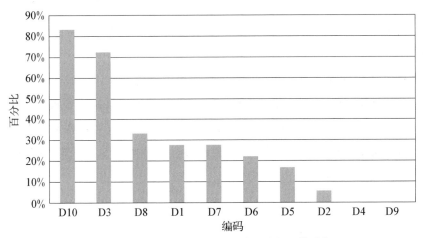

图6‑16　美国课堂任务认知水平降低因素分析

6. 美国课堂任务认知水平维持的主要因素是给学生适当的时间去探索任务

从编码设计中可以知道,在任务的实施过程中,任务认知水平维持的因素有8个。美国课堂中共有9个数学任务在实施过程中是维持其认知水平的。统计各任

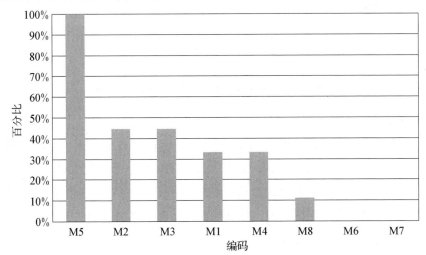

图6‑17　美国课堂任务认知水平维持因素分析

务认知水平维持的原因,得到各维持因素的任务比例,见图6-17。可以看出,美国
课堂在任务实施过程中认知水平维持的主要因素为M5(给学生适当的时间去探索
任务),9个认知水平维持的数学任务受此因素影响。其次是因素M2(教师给学生
的思维和推理提供脚手架)和M3(教师通过提问、评价、鼓励及反馈等方式促使学
生判断、解释和推理),均有4个数学任务维持认知水平受其影响,占总维持认知水
平任务量的44.4%。接着影响任务认知水平维持的因素分别是M1、M4,均占总维
持任务量的$\frac{1}{3}$。影响任务维持认知水平最少的因素为M8,仅有1个数学任务在实
施的过程中受此因素影响。在美国课堂的维持认知水平的任务中,没有发现M6、
M7两个因素。

7. I1为美国课堂数学任务认知水平升高的唯一因素

任务认知水平升高的因素一共有三个,分析15节美国课堂发现,有且仅有2
个数学任务在实施过程中认知水平有所升高。统计认知水平升高的因素,发现影
响任务认知水平升高的唯一因素为I1(教师在任务解决后又提出新的问题来强调
这一任务)(图6-18)。

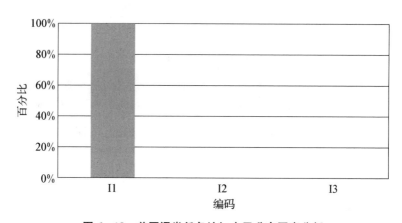

图6-18 美国课堂任务认知水平升高因素分析

8. 练习任务与学习任务认知水平变化的不同

(1) 美国课堂中的数学任务,学习任务和练习任务占大多数。比较这两类任
务中认知水平变化的情况,可以看出,两类任务的认知水平变化大体相当,但学习
任务中的2个数学任务在实施的过程中认知水平升高,练习任务在实施的过程中
仅有降低和维持认知水平的情况。降低和维持认知水平的两类任务占各自总任务
量的比例大体相同(图6-19)。

(2) 比较美国课堂中的学习任务和练习任务中认知水平降低的因素,图6-20

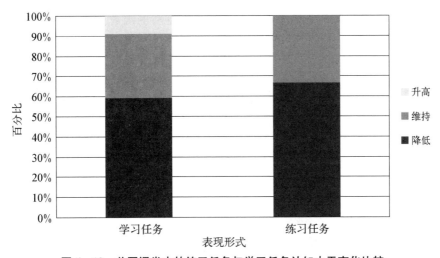

图6‑19　美国课堂中的练习任务与学习任务认知水平变化比较

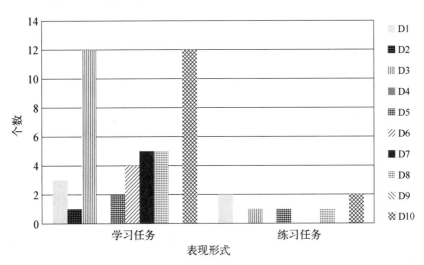

图6‑20　美国课堂中的练习任务与学习任务认知水平降低比较

是两类任务认知水平降低因素的比较,可以看出,影响学习任务认知水平降低的因素比练习任务的因素多。影响练习任务认知水平降低的主要因素为D1(数学任务在课堂中出现的位置)和D10(课堂管理方面的问题),而影响学习任务认知水平降低的主要因素为D3(教师"接管"学生的思考和推理)和D10。从影响认知水平降低的主要因素看,不管是对于学习任务还是练习任务,D10是影响任务认知水平降低的主要因素。在影响任务降低认知水平的因素中,D6、D7和D2影响着学习任务认知水平的降低,但在练习任务中没有发现。

(3)比较美国课堂中的学习任务和练习任务中维持认知水平的因素,图6‑21是两类任务认知水平维持因素的比较,可以看出,练习任务认知水平维持的因素只有三个：M5、M4 及 M3，影响学习任务认知水平维持的因素比练习任务的因素多出 M1、M8 及 M2，而且 M1 及 M2 也是学习任务认知水平维持不可忽视的因素，分别有 3 个和 4 个任务受这两个因素影响，但 M8 在维持学习任务认知水平中较少，仅 1 个任务。影响练习任务认知水平维持的主要因素为 M5，同时 M5 也是影响学习任务认知水平维持的主要因素之一，有 7 个学习任务受此因素影响。影响练习任务认知水平维持还有两个重要因素为 M3 和 M4，但这两个因素在学习任务认知水平维持中影响比较小。

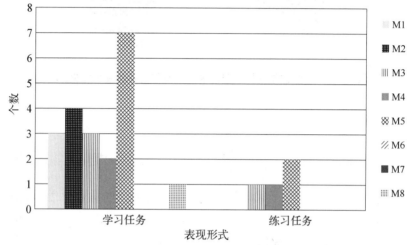

图 6‑21　美国课堂中的练习任务与学习任务认知水平维持比较

（4）比较美国课堂中学习任务和练习任务中认知水平升高的因素，图 6‑22 是两类任务认知水平升高因素的比较，可以看出，只有学习任务在实施过程中认知水平升高了，没有练习任务在实施过程中认知水平升高。影响学习任务认知水平升高的因素是 I1。

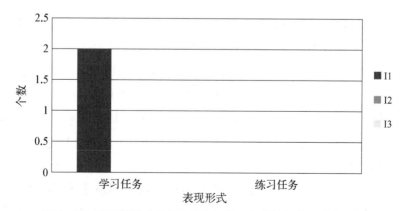

图 6‑22　美国课堂中的练习任务与学习任务认知水平升高比较

第四节　中美数学课堂任务执行中认知水平变化的比较

通过对中美数学课堂任务实施过程中认知水平变化及其变化因素的编码分析及数据统计,可以发现中美数学课堂在任务实施过程中认知水平的变化有如下的异同之处:

1. 中美课堂任务认知水平总体变化情况相当

图 6 - 23 表示中美课堂教学中数学任务认知水平降低、维持、升高的任务量占总认知水平变化的任务量的比例比较,可以看出,两个国家数学课堂教学中任务认知水平变化情况基本相当:认知水平降低占总变化量的大部分,其次是认知水平维持,所占比例最小的是认知水平升高。

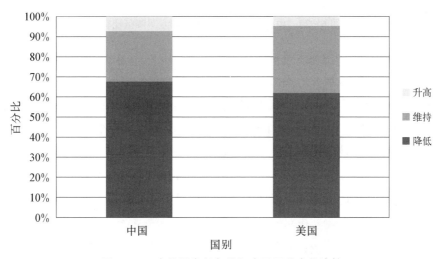

图 6 - 23　中美课堂任务认知水平平均变化比较

2. 中美课堂中认知水平降低的各类任务所占比例不同

对中美课堂中认知水平变化的四类任务在实施过程中认知水平降低的任务进行对比研究,图 6 - 24 是中美课堂中四类认知水平降低的任务的分布比例对比图,可以看出,中美课堂中认知水平降低的各类任务所占比例有很大区别。中国课堂认知水平降低的任务中主要是练习任务,其次是学习任务;美国课堂认知水平降低的任务中主要是学习任务,其次是练习任务。中国课堂的复习任务中也出现认知水平降低的情况,而美国课堂中的复习任务并没有这样的情况。但认知水平降低的数学任务中,两个国家课堂没有区别:均是学习任务和练习任务占绝大多数。

这与四类任务占总任务量的比例有关,在中美的课堂教学中,学习任务和练习任务本来就占据总任务量的绝大部分。

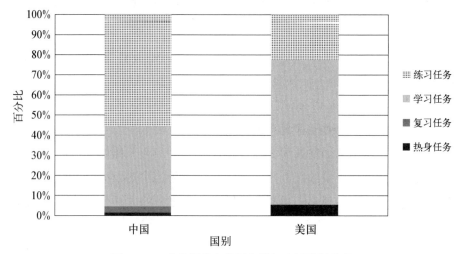

图6‑24 中美课堂各类任务认知水平降低比较

3. 学习任务在认知水平维持的情况中占多数

对中美课堂中认知水平变化的四类任务在实施过程中认知水平维持的任务进行对比研究,图6‑25是中美课堂中四类认知水平维持的任务的分布比例对比图,可以看出,中美课堂中认知水平维持的各类任务所占比例有很大区别。中国课堂中认知水平维持的数学任务有三类:学习任务、练习任务、复习任务,但绝大部分是学习任务和练习任务,这与两者占总任务量的比例有关系,学习任务占认知水平维持的总任务量的比例比练习任务大。美国课堂中认知水平维持的数学任务有学

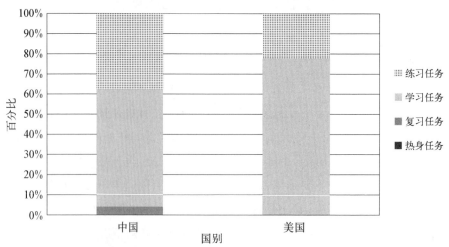

图6‑25 中美课堂各类任务认知水平维持比较

习任务和练习任务两类,占主要部分的是学习任务。

4. 中美课堂中认知水平升高的各类任务所占比例不同

对中美课堂中认知水平变化的四类任务在实施过程中认知水平升高的任务进行对比研究,图6-26是中美课堂中四类认知水平升高的任务的分布比例对比图,可以看出,中美课堂中认知水平升高的各类任务所占比例有很大区别。中国课堂教学中认知水平升高的数学任务有两类:练习任务和学习任务,而且练习任务占认知水平升高的总任务量的比例比学习任务大;美国课堂教学中认知水平升高的数学任务仅有学习任务。

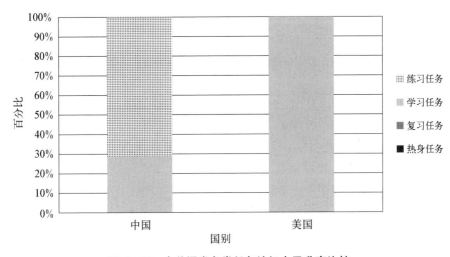

图6-26 中美课堂各类任务认知水平升高比较

5. 中美课堂中任务认知水平降低的主要因素不同

按照认知水平降低的10个因素的编码,对中美两国课堂的任务认知水平降低进行编码分析,统计每个因素包含的认知水平降低的任务量,并比较认知水平降低各因素的比例(图6-27),可以看出,中美课堂中任务认知水平降低的主要因素不同。中国课堂中任务认知水平降低的主要因素为D1(数学任务在课堂中出现的位置),特别是中国课堂中的练习任务,其次是D8(教师将任务的解决办法程序化);但美国课堂中任务认知水平降低的主要因素为D10(课堂管理方面的问题),其次是D3(教师"接管"学生的思考和推理)。另外,因素D2(对本班学生而言任务不合适)仅在美国课堂中出现了,而在中国课堂中没有出现。因素D6(教师没有给学生提供足够的时间去探索任务)对中国课堂的影响比对美国课堂的影响大。

6. 中美课堂中任务认知水平维持的主要因素不同

按照认知水平维持的8个因素的编码,对中美两国课堂的任务认知水平维持

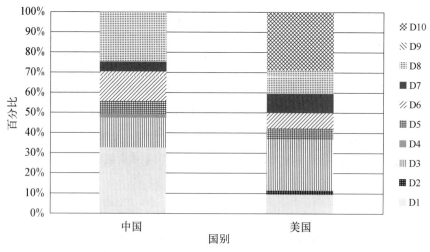

图 6‑27　中美课堂任务认知水平降低因素比较

进行编码分析,统计每个因素包含的认知水平维持的任务量,并比较认知水平维持各因素的比例(图6‑28),可以看出,中美两国课堂任务认知水平维持的主要因素不同。中国课堂中任务认知水平维持的主要因素为M3(教师通过提问、评价、鼓励及反馈等方式促使学生判断、解释和推理),其次的因素为M8(有能力的学生提供高水平的示范模式)。但美国课堂中任务认知水平维持的主要因素为M5(给学生适当的时间去探索任务)。这个结论的得出与前面结论前呼后应,第五章中任务探索形式的对比中发现中国课堂中教师给学生留出自己思考探索任务的时间比较少,但美国课堂相对来说比较多。另外,因素M3、M8影响中国课堂的效果比美国课堂大,但M2、M5对美国课堂教学中任务实施的影响比对中国课堂中任务实施的影响大。M1和M4

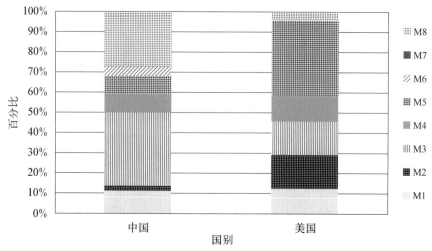

图 6‑28　中美课堂任务认知水平维持因素比较

对中美两国课堂任务实施过程中认知水平维持的影响基本相当，但都占较小的比例。

7. 中美课堂任务中认知水平升高的主要因素不同

任务认知水平升高的因素一共有 3 个，对比中美课堂任务认知水平升高因素所占比例（图 6－29），可以看出，影响美国课堂任务认知水平升高的唯一因素为 I1（教师在任务解决后又提出新的问题来强调这一任务），影响中国课堂任务认知水平升高的因素有 3 个，最主要的是 I2（在任务没有要求的情况下，教师在任务的实施过程中要求学生提供证据或者解释说明）。

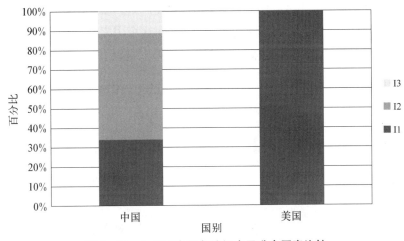

图 6－29 中美课堂任务认知水平升高因素比较

8. 中美课堂学习任务认知水平变化的比较

（1）中国课堂中数学任务占大部分的是学习任务和练习任务。首先比较中美两国课堂中学习任务在实施过程中认知水平变化的情况，从图 6－30 可以看出，两国课

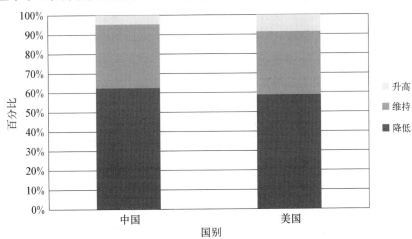

图 6－30 中美课堂学习任务认知水平变化比较

堂学习任务的认知水平变化大体相当,大部分学习任务认知水平是降低的,少部分升高,从数量上看,中国课堂和美国课堂分别有 14 个和 7 个学习任务的认知水平维持。

(2) 比较中美两国课堂中学习任务认知水平降低的因素,图 6-31 是两国课堂学习任务认知水平降低因素所占总认知水平降低的百分比比较,可以看出,影响中美课堂学习任务认知水平降低的主要因素有所不同。影响中国课堂学习任务认知水平降低的主要因素是 D3 和 D8;影响美国课堂学习任务认知水平降低的主要因素是 D3 和 D10。D8、D6、D5 三类因素对于中国课堂学习任务认知水平降低的影响大于美国课堂。D10 和 D2 两个任务认知水平降低的因素在中国的课堂中没有发现,而在美国的课堂中发现了这两类因素。D4 这个因素只在中国课堂出现,但对中国课堂任务认知水平降低的贡献很小。

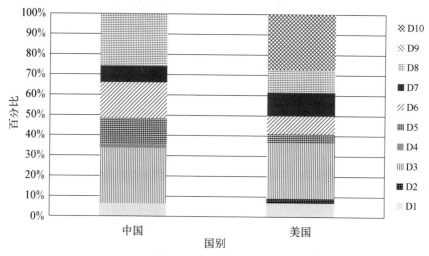

图 6-31 中美课堂学习任务认知水平降低因素比较

(3) 比较中美两国课堂中的学习任务认知水平维持的因素,图 6-32 是两国课堂学习任务认知水平维持因素所占总认知水平维持的百分比比较,可以看出,影响中美课堂学习任务认知水平维持的主要因素有所不同。影响中国课堂学习任务认知水平维持的主要因素是 M3 和 M8,这两个因素对中国课堂中学习任务认知水平维持的影响比对美国课堂大;影响美国课堂学习任务认知水平维持的主要因素是 M5 和 M2,同样,这两个因素对美国课堂中学习任务认知水平维持的影响比中国课堂大。M1 和 M4 对两个国家课堂学习任务认知水平维持的影响大致相当,但所占比例不是很大。M6 这个因素只在中国课堂中出现。

(4) 比较中美两国课堂中学习任务认知水平升高的因素,图 6-33 是两国课堂学习任务认知水平升高因素所占总认知水平升高的百分比比较,可以看出,影响中

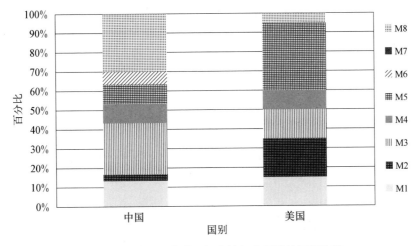

图 6 - 32　中美课堂学习任务认知水平维持因素比较

美课堂学习任务认知水平升高的主要因素有所不同。影响中国课堂学习任务认知水平升高的主要因素是有两个：I1 和 I2,影响美国课堂学习任务认知水平升高的因素只有一个：I1。

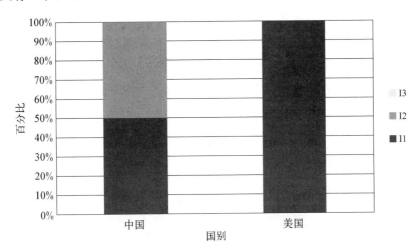

图 6 - 33　中美课堂学习任务认知水平升高因素比较

9. 中美课堂练习任务认知水平变化的比较

(1) 比较中美两国课堂中练习任务在实施过程中认知水平变化的情况(图 6 - 34),可以看出,两国课堂练习任务的认知水平变化差异不是特别大。中国课堂的练习任务认知水平的变化有三种情况,但美国课堂练习任务认知水平的变化仅有降低和维持;大部分中美课堂练习任务认知水平是降低的,而且两国课堂认知水平降低所占比例差异不大;美国课堂练习任务认知水平维持的比例比中国课堂高;中国课堂练习任务中有认知水平升高的情况,美国课堂没有。

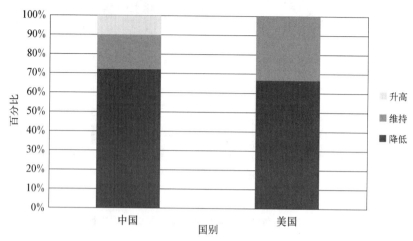

图 6 - 34　中美课堂练习任务认知水平变化比较

(2) 比较中美两国课堂中练习任务认知水平降低的因素,图 6 - 35 是两国课堂练习任务认知水平降低因素所占总认知水平降低的百分比比较,可以看出,影响中美课堂练习任务认知水平降低的因素有很大不同。影响美国课堂练习任务认知水平降低的因素有 5 个,而且其分布相对比较均匀,D1 和 D10 是主要因素,其次是 D3、D5 和 D8,这三者分别所占比例约为 D1 和 D10 的一半,D10 和 D5 这两个因素仅对美国课堂中的练习任务有影响。影响中国课堂练习任务认知水平降低的因素差异很大,最主要因素是 D1,而且这个因素对中国课堂的练习任务的影响大于美国课堂;其次是 D8,它对中国课堂任务的实施比对美国课堂的影响大。D3 这个因素对中国课堂练习任务的影响比对美国课堂练习任务的影响小。

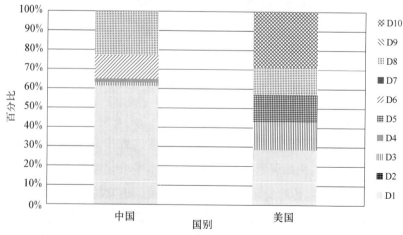

图 6 - 35　中美课堂练习任务认知水平降低因素比较

（3）比较中美两国课堂中的练习任务认知水平维持的因素,图6-36是两国课堂练习任务认知水平维持因素所占总认知水平维持的百分比比较,可以看出,影响中美课堂练习任务认知水平维持的主要因素有所不同。影响中国课堂练习任务认知水平维持的主要因素是M3。影响美国课堂练习任务认知水平维持的主要因素是M5。M3对中国练习任务认知水平维持的影响大于美国课堂,同样,M5对美国课堂练习任务认知水平维持的影响大于中国课堂。M4对两个国家课堂练习任务的实施均有影响,相比较之下,M4对美国课堂的影响大于中国课堂。M8因素仅出现在中国课堂练习任务实施的过程中。

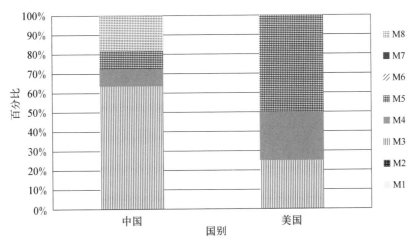

图6-36　中美课堂练习任务认知水平维持因素比较

（4）比较中美两国课堂中练习任务认知水平升高的因素,图6-37是两国课堂

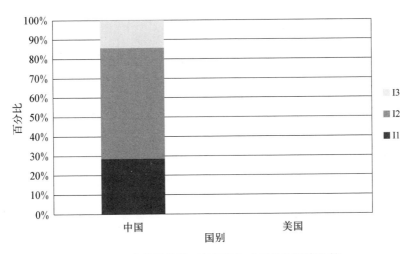

图6-37　中美课堂练习任务认知水平升高因素比较

练习任务认知水平升高因素所占总认知水平升高的百分比比较，可以看出，美国课堂练习任务中没有认知水平升高的情况，影响中国课堂练习任务中认知水平升高的因素有三个，但最主要的因素为 I2，有 4 个练习任务认知水平升高受此因素影响；其次是 I1；最后是 I3。

第七章 / 中美数学课堂数学任务的实施比较研究（二）

——课堂数学交流的责任

第六章研究了任务实施过程中认知水平变化及变化因素的中美课堂各自的特点及差异。课堂中高认知水平的数学任务给学生深度参与课堂活动提供了机会，创造了条件。但任务实施过程中，学生思维的参与度需要有利的课堂环境的支撑。本章将从教师或学生的互动是否有利于建立学习共同体和是否促进高效交流的角度，比较中美课堂中任务实施过程中的课堂环境的变化。

第一节 编码体系

美国教育专家兰珀特（Lampert）[127]认为教学实践不是单个教师教学行为的总和，而是建立各种关系——师生围绕数学的关系、学生之间围绕数学的关系，在建立关系的过程中促进学生的数学思想的建构。形成数学的对话是教师工作的一个核心部分，在课堂教学时，教师和学生怎么交谈对学生学习数学的影响及学生"做数学"的程度是至关重要的；教师应该给予每一个学生参与解决问题的机会，同时鼓励学生与学生讨论解决问题的思路；在教学任务实施过程中，教师需激发学生的反应，当这些讨论中断或者转移时，教师运用提问将对话重新引入到与数学任务的相关讨论之中[20]。美国国家研究委员会报告《人是如何学习的：大脑、心理、经验、学校》（How people learn：Brain，Mind，Experience，and School）[128]列举了现在流行的对学习的科学理解及学习对于教学的意义，并指出，有利于学习和教学的环境是：（1）学习者为中心；（2）知识为中心；（3）评价为中心；（4）共同体为中心。特别是共同体为中心的学习和教学的环境中，要求教师要组织安排适当的课堂活动，并帮助学生协调、组织学生的学习活动，促使学生建立学习共同体，而且还特别指出，课堂上学习共同体的建立对学生的学业成就有很大的影响。数学学习共同体

的建立可以促进学生之间交流数学想法,帮助学生更好地理解数学,数学想法的讨论交流可以让学生对问题提出质疑,反驳质疑等,或对同伴解释自己的数学理解。

美国匹兹堡大学学习研究发展中心的学习研究所(The Institute for Learning)的研究人员给出9条学习的准则,其中一条为:教学实践中负责任的对话(Accountable talk in the practice),课堂上与其他人交谈想法是学习的根本,但并非所有的谈话都与学习有关。为了促进学生学习,课堂上的交流内容一定包含适当的数学知识,并能促进学生严谨的思维。负责任的对话的做法是一定要认真回应别人并在别人发言的基础上补充。负责任的对话的内容要适用于定理的证据(例如,数学证明、科学调查、文献原文资料、历史记录等),并遵循已建立的合理推理的准则。教师还应该在课堂中有意识地制定负责任的对话的规则,树立负责任的对话的范本,在实践中告诉学生进行负责任的对话的技能。

课堂教学的目的之一是让学生"将数学作为一种交流信息的手段"。中国义务教育阶段的课程标准也强调学生要参与到合作交流中去。NCTM 也将"交流"列为数学教学的标准之一。

国际课堂录像研究 TIMSS 和 LPS 均关注课堂互动,但对课堂互动的研究主要是比较课堂互动类型的分类。比如,TIMSS 将课堂互动分为集体互动、分组互动、可选择的学生主体互动、可选择的教师主体互动及混合型互动。还有其他课堂互动的研究,如从课堂师生互动语言行为划分的、从师生主体地位划分的、按照师生关系分析的等。可以看出,这些研究都是关注师生互动的类型,并未关注到互动过程中师生对高效交流的贡献。

本章研究将采用美国匹兹堡大学研发的课堂教学质量评价中的多个量表,关注课堂互动中师生对学习共同体建立和促进高效交流的贡献。表7-1主要测量在课堂交流的过程中,教师对学习共同体建立的贡献,即在课堂讨论的一致性上,教师是否支持学生去联结彼此的想法和立场。根据教师在课堂教学中将学生之间真正的想法联结起来的次数,将教师对学习共同体建立的贡献分为0~4五个水平,具体见表7-1。表7-2主要测量在课堂交流的过程中,学生对学习共同体建立的贡献,即在课堂讨论中,学生与学生之间是否联结彼此的想法。同样,根据学生在课堂教学中将学生之间真正的想法联结起来的次数,将学生对学习共同体建立的贡献分为0~4五个水平,具体见表7-2。表7-1和表7-2关注在课堂讨论或者交流的过程中,学习共同体的建立情况。表7-3主要测量在课堂讨论或者交流的过程中,教师对高效交流的贡献,即教师是否促使学生去用证据或者推理去支持他们的想法。在课堂教学中,根据教师促使学生使用证据去推理证明他们的想法的次数,将学生对高效交流的贡献分为0~4五个水平,具体见表7-3。表7-4主要测量在课堂讨论或者交流的过程中,学生对高效交流的贡献,即学生是否对他们的结论提供了证据或给出原因。同样,在课堂教学中,根据学生给他们的结论提供证据的次数,将学生对高效交流的贡献分为0~4五个水平,具体见表7-4。表7-3和表7-4关注师生在课堂讨论过程中对高效交流的贡献。

表7-1 教师对学习共同体建立的贡献

水平	解 释 说 明
4	在课堂教学中,教师连续地(至少三次联结)将学生之间真正的想法联结在一起
3	在课堂教学中,至少存在两次教师将学生之间真正的想法联结在一起
2	在课堂讨论中,教师促进了学生之间的交流,但没有追问或者没有让学生之间真正的想法联结在一起;或者只有一次将学生的想法联结在一起
1	教师没有做任何努力去联结发言者的想法,甚至都没有重复说话者的结论
0	课堂的讨论和数学没有关系

表7-2 学生对学习共同体建立的贡献

水平	解 释 说 明
4	在课堂教学中,学生连续地(至少三次联结)将学生之间真正的想法联结在一起
3	在课堂教学中,至少存在两次学生将学生之间真正的想法联结在一起(比如,我同意某某的想法,因为……)
2	在课堂讨论中,学生促进了彼此的交流,但没有追问或者没有让彼此之间真正的想法联结在一起;或者只有一次将学生的想法联结在一起
1	学生没有做任何努力去联结发言者的想法,甚至都没有重复说话者的结论
0	课堂的讨论和数学没有关系

表7-3 教师对高效交流的贡献

水平	解 释 说 明
4	在课堂中教师经常让学生提供自己的证据或者解释他们的想法
3	在课堂中有1或2次教师让学生提供自己的证据或者解释他们的想法
2	教师很多的"促使学生解释说明"是为了一些计算性、程序性或者记忆性的知识;或者肤浅的、微不足道的努力去让学生提供证据或者解释他们的想法(比如,你是怎么得到的)
1	教师没有让学生提供证据,并且没有让学生对他们的思考做出解释
0	课堂的讨论和数学没有关系

表7-4　学生对高效交流的贡献

水平	解　释　说　明
4	学生连续地给他们的结论提供证据
3	学生有1次或者2次给他们的结论提供证据
2	学生的解释是计算型、程序型或者记忆型的知识;或者学生的解释错误、不完整、模糊
1	学生没有解释他们的结论
0	课堂讨论和数学无关

第二节　中美课堂对学习共同体建立的贡献的比较

一、数据统计

对30节中美数学课堂进行分析,图7-1是课堂中教师对学习共同体建立的贡献统计图。中国的15节课堂中有3节课堂是水平4,6节课堂是水平3,6节课堂是水平2。美国的15节课堂中有4节课堂是水平3,11节课堂是水平2。

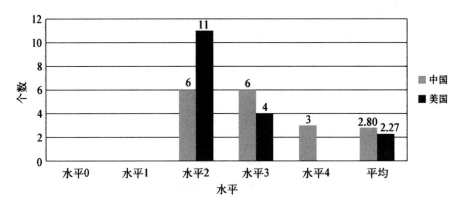

图7-1　中美教师对学习共同体建立的贡献比较

图7-2是课堂中学生对学习共同体建立的贡献统计图。中国课堂中有2节课堂是水平4,6节课堂是水平3,7节课堂是水平2。美国课堂中有3节课堂是水平3,5节课堂是水平2,7节课堂是水平1。

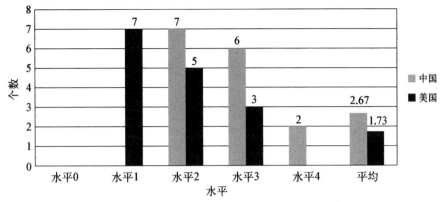

图 7 - 2 中美学生对学习共同体建立的贡献比较

二、中国课堂对学习共同体建立的贡献的特征

1. 中国教师对学习共同体建立的贡献

从图 7 - 1 可以看出,中国教师对学习共同体建立的贡献平均为 2.80,大部分教师在水平 2 和水平 3,只有少数教师在水平 4,即在课堂教学中连续地将学生的想法联结在一起,使课堂组成一个学习共同体。

2. 中国学生对学习共同体建立的贡献

从图 7 - 2 可以看出,中国课堂讨论中学生对学习共同体建立的贡献平均为 2.67,大部分学生在水平 2 和水平 3,只有少数在水平 4,即在课堂上的学生能连续地将学生的思维和想法联结起来。在 CN4 课堂讨论过程中,教师让学生回答问题,而学生在回答问题的时候能够像教师一样将学生的想法联结在一起。CN6 则是教师将课堂讨论部分交给学生,小组和小组之间回答彼此的问题,并进行讨论,使学生之间组成一个学习共同体。

三、美国课堂对学习共同体建立的贡献的特征

1. 美国教师对学习共同体建立的贡献

从图 7 - 1 可以看出,美国教师对学习共同体建立的贡献平均为 2.27,大部分教师对学习共同体建立的贡献集中在水平 2,即教师促进了学生之间的交流,但并没有让学生把彼此的真正想法联结在一起。

2. 美国学生对学习共同体建立的贡献

从图 7-2 可以看出,美国课堂上学生对学习共同体建立的贡献平均为 1.73,大部分课堂学生对学习共同体建立的贡献集中在水平 2 和水平 1,即学生对彼此之间的想法进行联结交流或者学生促进了彼此的交流,但并没有真正的想法上的交流。

四、中美课堂对学习共同体建立的贡献的差异

对中美课堂的教师和学生对学习共同体建立的贡献分数用 SPSS 软件做独立样本的 t 检验,统计结果见表 7-5 和表 7-6。

表 7-5　师生对学习共同体建立的贡献

	国别	个数	均值	标准差	标准平均误差
教师对学习共同体 建立的贡献	中国	15	2.80	0.775	0.200
	美国	15	2.27	0.458	0.118
学生对学习共同体 建立的贡献	中国	15	2.67	0.724	0.187
	美国	15	1.73	0.799	0.206

表 7-6　对学习共同体建立的贡献的独立样本 t 检验

		方差方程的 Levene 检验		均值方程的 t 检验					差分的 95% 置信区间	
		F	Sig.	t	df	Sig. (双侧)	均值 差值	标准 误差值	下限	上限
教师对学习 共同体建立 的贡献	假设变异 数相等	4.494	0.043	-2.296	28	0.029	-0.533	0.232	-1.009	-0.057
	不假设变 异数相等			-2.296	22.715	0.031	-0.533	0.232	-1.014	-0.052
学生对学习 共同体建立 的贡献	假设变异 数相等	0.237	0.630	-3.353	28	0.002	-0.933	0.278	-1.503	-0.363
	不假设变 异数相等			-3.353	27.732	0.002	-0.933	0.278	-1.504	-0.363

1. 教师对学习共同体建立的贡献差异:中国教师的贡献高于美国教师

由表 7-5 和表 7-6 可知,中美课堂中教师对学习共同体建立的贡献的平均

分分别为 2.80 与 2.27,变异数同质性的 Levene 检验显著($F = 4.494$, $p = 0.043 <$ 0.05)[1],表示中美课堂的离散情形有显著差异,而由假设变异数相等的 t 值与显著性,中美课堂的离散情形有显著差异($t = -2.296$, $p = 0.029 < 0.05$)。从以上的统计结果可以看出,中美课堂中教师对学习共同体建立的贡献差异显著,中国教师在课堂中对学习共同体建立的贡献明显高于美国教师。

2. 学生对学习共同体建立的贡献差异:中国学生的贡献高于美国学生

由表 7 - 5 和表 7 - 6 可知,中美课堂中学生对学习共同体建立的贡献的平均分分别为 2.67 和 1.73,由假设变异数相等的 t 值与显著性($t = -3.353$, $p = 0.002 <$ 0.05)可知,中美课堂的离散程度差异显著,即中美课堂中学生对学习共同体建立的贡献有显著差异,中国学生的贡献明显高于美国学生。

第三节　中美课堂对高效交流的贡献的比较

一、数据统计

对 30 节中美的课堂进行分析,图 7 - 3 是对课堂中教师对高效交流的贡献统计图。中国的 15 节课堂中有 5 节课堂是水平 4,7 节课堂是水平 3,3 节课堂是水平 2;美国的 15 节课堂中有 2 节课堂是水平 4,9 节课堂是水平 3,4 节课堂是水平 2。

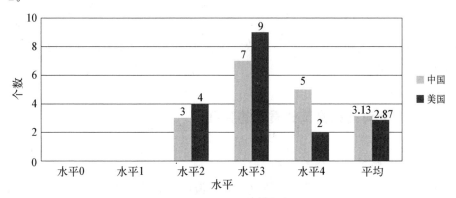

图 7 - 3　中美教师对高效交流的贡献比较

[1]　统计报表上由 p 值与 0.05 的大小关系,判断样本差异的显著性。若 $p >$ 0.05,说明样本无显著差异;若 $p < 0.05$,说明样本有显著差异。具体分析请参考统计分析类文献。

图 7-4 是课堂中学生对高效交流的贡献统计图。中国 15 节课堂中有 5 节课堂是水平 4,8 节课堂是水平 3,2 节课堂是水平 2;美国的 15 节课堂中有 2 节课堂是水平 4,10 节课堂是水平 3,3 节课堂是水平 2。

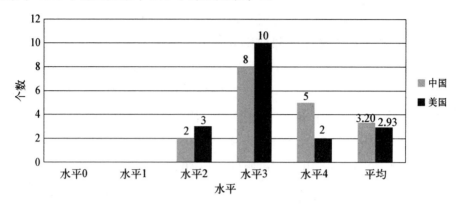

图 7-4　中美学生对高效交流的贡献比较

二、中国课堂对高效交流的贡献的特征

1. 中国教师对高效交流的贡献

从图 7-3 可以看出,中国教师对高效交流的贡献平均为 3.13,大部分教师在水平 3 和水平 4,只有少数教师在水平 2,即课堂教学中教师不促使学生提供答案或者推理的证据。

2. 中国学生对高效交流的贡献

从图 7-4 可以看出,中国课堂讨论中学生对高效交流的贡献平均为 3.20,大部分学生在水平 3 和水平 4,只有少数学生在水平 2,即学生不能很好地提供答案或者推理的证据。

三、美国课堂对高效交流的贡献的特征

1. 美国教师对高效交流的贡献

从图 7-3 可以看出,美国教师对高效交流的贡献平均为 2.87,大部分教师在水平 2 和水平 3,只有少数教师在水平 4,即在课堂教学中能够连续地促使学生提供答案或者推理的证据。

2. 美国学生对高效交流的贡献

从图 7-4 可以看出,美国课堂讨论中学生对高效交流的贡献平均分为 2.93,

大部分学生在水平3,有少数学生在水平2,即学生不能很好地提供答案或者推理的证据,也有少数学生在水平4,即学生能够提供完整正确的答案及解释答案推理的证据。

四、中美课堂对高效交流的贡献的差异

对中美课堂的教师和学生对高效交流的贡献分数用 SPSS 软件做独立样本的 t 检验,统计结果表7-7和表7-8。

表7-7　师生对高效交流的贡献

	国别	个数	均值	标准差	标准平均误差
教师对高效交流的贡献	中国	15	3.13	0.743	0.192
	美国	15	2.87	0.640	0.165
学生对高效交流的贡献	中国	15	3.20	0.617	0.159
	美国	15	2.93	0.594	0.153

表7-8　师生对高效交流的贡献的独立样本 t 检验

		方差方程的 Levene 检验		均值方程的 t 检验					差分的95%置信区间	
		F	Sig.	t	df	Sig.(双侧)	均值差值	标准误差值	下限	上限
教师对高效交流的贡献	假设变异数相等	0.534	0.471	-1.053	28	0.301	-0.267	0.253	-0.785	0.252
	不假设变异数相等			-1.053	27.396	0.302	-0.267	0.253	-0.786	0.253
学生对高效交流的贡献	假设变异数相等	1.375	0.251	-1.809	28	0.081	-0.400	0.221	-0.853	0.053
	不假设变异数相等			-1.809	27.958	0.081	-0.400	0.221	-0.853	0.053

1.教师对高效交流的贡献差异:中国教师和美国教师差异不显著

由表7-7和表7-8可知,教师对高效交流的贡献中美课堂的平均分分别为3.13与2.87,变异数同质性的 Levene 检验显著($F = 0.534, p = 0.471 > 0.05$),表示中美课堂的离散情形没有显著差异,而由假设变异数相等的 t 值与显著性,中美课

堂的离散情形也没有显著差异($t = -1.053$，$p = 0.301 > 0.05$）。从以上的统计结果可以看出，中国教师对高效交流的贡献方面稍高于美国教师；但从统计意义上看，中美教师差异不显著。

2. 学生对高效交流的贡献差异：中国学生和美国学生差异不显著

由表 7-7 和表 7-8 可知，学生对高效交流的贡献中美课堂的平均分分别为 3.20 与 2.93，变异数同质性的 Levene 检验显著（$F = 1.375$，$p = 0.251 > 0.05$），表示中美课堂的离散情形没有显著差异，而由假设变异数相等的 t 值与显著性，中美课堂的离散情形也没有显著差异（$t = -1.809$，$p = 0.081 > 0.05$）。从以上的统计结果可以看出，中国学生对高效交流的贡献方面平均分稍高于美国学生；但从统计上看，中美学生差异不显著。

第八章／结论与反思

本书在分析和借鉴国内外课堂教学比较研究的基础上,对中国和美国各15节数学课堂比较分析,从课堂中的数学任务特征、基于数学任务的课堂结构、任务实施中认知水平的变化因素及师生对课堂数学交流的责任几个方面得出以下的研究结论。

第一节　研究结论

一、中美课堂中数学任务特征的异同

1. 中国数学课堂总的任务量是美国课堂总的任务量的三倍多,中国每节课平均有8.6个任务,而美国每节课平均有2.6个任务。从数学任务中的"实际生活"背景知识的使用情况上看,中国课堂上的数学任务多数是纯数学问题,美国课堂上的数学任务多数是实际生活的问题。

2. 中国课堂中的"数学应用于生活"的数学任务大部分充当"课堂引入"或者课堂中的"知识点引入",即中国课堂中独有的"情境导入"。而美国课堂中的大部分"数学应用于生活"的数学任务是为了让学生解决实际生活问题,从解决实际生活的问题中学习和练习知识点。

3. 从任务的表现形式上比较,中国课堂上的数学任务不仅重视学习任务,也重视练习任务,练习任务的数量多于学习任务;但美国课堂中绝大多数为学习任务,其次是热身任务。总体来看,中国课堂上对新知识的获得和巩固的任务量要高于美国课堂。中国课堂的复习任务和美国课堂的热身任务所占比例比较类似。

4. 从任务的认知水平上比较,中国课堂的学习任务和美国课堂的学习任务大

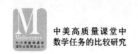
部分是由高认知水平的任务组成,而中国课堂的复习任务和美国课堂的热身任务大部分是由低认知水平的任务组成。差异最明显的是练习任务,中国课堂的练习任务认知水平普遍偏低,但美国课堂的练习任务的认知水平多是高认知水平。

二、基于数学任务的课堂结构的异同

1. 总体上看,中美课堂中各环节占整个课堂时间长度的百分比不一样。中国课堂中的主要部分是全班讨论总结环节,平均用时 19.1 分钟,平均占整个课堂时间的 46.2%;而美国课堂中占据主要部分的是任务探索环节,平均用时 23 分钟,平均占整个课堂时间的 41.7%。

2. 中美课堂中用于新知识学习和巩固的三个环节:任务设置、任务探索、全班讨论总结占据整个课堂时间的大部分。中国课堂上的这三个环节占整个课堂时间的百分比比美国课堂大,但美国的课堂时间比中国的课堂时间长。

3. 在任务探索环节,美国课堂任务探索环节比中国任务探索环节平均用时长,占整个课堂时间的百分比也大。任务探索的形式上,美国教师经常选用小组合作的形式,而中国教师则选择个人思考、小组合作、师生共同三种探索形式,特别是师生共同的探索形式在中国的课堂中占重要位置。

4. 几乎所有的美国课堂以热身环节开始课堂教学,大多数中国课堂的开始则选择了复习旧知识。

三、任务实施中任务认知水平的变化及因素异同

1. 总体上看,中美课堂教学中数学任务认知水平的变化基本相当:认知水平降低占总变化量的大部分,其次是认知水平维持,所占比例最小的是认知水平升高。

2. 认知水平降低的数学任务中,中国课堂认知水平降低的任务中主要是练习任务,其次是学习任务;美国课堂认知水平降低的任务中主要是学习任务,其次是练习任务。

3. 影响中美课堂任务认知水平变化的主要因素差异很大。中国课堂中任务认知水平降低的主要因素为数学任务在课堂中出现的位置(D1);美国课堂中任务认知水平降低的主要因素为课堂管理方面的问题(D10)。中国课堂中任务认知水平维持的主要因素为教师通过提问、评价、鼓励及反馈等方式促使学生判

断、解释和推理(M3);美国课堂中任务认知水平维持的主要因素为给学生适当的时间去探索任务(M5)。中国课堂中任务认知水平升高的主要因素为在任务没有要求的情况下,教师在任务实施的过程中要求学生提供证据或者解释说明(I2);美国课堂中任务认知水平升高的唯一因素为教师在任务解决后又提出新的问题来强调这一任务(I1)。

4. 中美课堂中的学习任务认知水平变化异同明显。中美课堂中学习任务认知水平变化的情况与中美课堂中任务认知水平变化的总体情况基本一致。但中国课堂学习任务认知水平降低的主要因素是教师"接管"学生的思考和推理(D3)与教师将任务的解决办法程序化(D8);美国课堂学习任务认知水平降低的主要因素是教师"接管"学生的思考和推理(D3)与课堂管理方面的问题(D10)。中国课堂学习任务认知水平维持的主要因素是教师通过提问、评价、鼓励及反馈等方式促使学生判断、解释和推理(M3)与有能力的学生提供高水平的示范模式(M8);美国课堂学习任务认知水平维持的主要因素是给学生适当的时间去探索任务(M5)与教师给学生的思维和推理提供脚手架(M2)。中国课堂学习任务认知水平升高的主要因素是教师在任务解决后又提出新的问题来强调这一任务(I1)与在任务没有要求的情况下,教师在任务实施的过程中要求学生提供证据或者解释说明(I2);美国课堂学习任务认知水平升高的因素是教师在任务解决后又提出新的问题来强调这一任务(I1)。

5. 中美课堂中练习任务认知水平的变化及变化因素有很大差异。中国课堂中练习任务有认知水平升高的情况,影响认知水平升高的主要因素为在任务没有要求的情况下,教师在任务实施的过程中要求学生提供证据或解释说明(I2),美国课堂没有认知水平升高的情况。数学任务在课堂中出现的位置(D1)和课堂管理方面的问题(D10)是美国课堂中练习任务认知水平降低的主要因素;数学任务在课堂中出现的位置(D1)是影响中国课堂中练习任务认知水平降低的主要因素。中国课堂练习任务认知水平维持的主要因素是教师通过提问、评价、鼓励及反馈等方式促使学生判断、解释和推理(M3);美国课堂练习任务认知水平维持的主要因素是给学生适当的时间去探索任务(M5)。

6. 中国课堂的学习任务和练习任务变化的因素不同。但教师通过提问、评价、鼓励及反馈等方式促使学生判断、解释和推理(M3)既是学习任务又是练习任务认知水平维持的主要因素;在任务没有要求的情况下,教师在任务实施的过程中要求学生提供证据或解释说明(I2)既是学习任务又是练习任务认知水平升高的主要因素;两类任务认知水平的降低没有共同的主要因素。

7. 美国课堂的学习任务和练习任务变化的因素不同。但课堂管理方面的问题(D10)既是学习任务又是练习任务认知水平降低的主要因素;给学生适当的时间去探索任务(M5)既是学习任务又是练习任务认知水平维持的主要因素。

四、任务实施中师生对课堂数学交流的责任的异同

1. 在师生对学习共同体建立的贡献上,中国教师在课堂中对学习共同体建立的贡献明显高于美国教师,中国学生的贡献也明显高于美国学生。总之,在学习共同体建立的贡献上,中国师生"联结学生之间的真正想法"上比美国师生做得好。

2. 在师生对高效交流的贡献上,中国教师和美国教师有差异及中国学生和美国学生有差异,但在统计意义上不显著。

五、从任务类别上看中美课堂异同

本书从几个方面对中美数学课堂中的数学任务进行比较研究。从任务表现形式上可以发现中美两国课堂有如下异同。

1. 中国课堂的复习任务与美国课堂的热身任务相似

中国课堂的复习任务与美国课堂的热身任务有很多的相似之处。在课堂结构上,大部分中国课堂存在复习环节,绝大部分美国课堂存在热身环节,而且均位于课堂教学的开始;从认知水平上看,中国课堂的复习任务与美国课堂的热身任务均以低认知水平的任务为主。

2. 中美两国课堂中学习任务的异同

中美两国课堂中的学习任务既有着相同之处,又有着不同之处。从学习任务占总任务量的百分比上,中国课堂学习任务占的百分比比美国课堂的少,但中国每节课堂平均约3.1个学习任务,美国每节课堂平均约1.5个学习任务,每节课堂中学习任务的平均量中国比美国多。中美课堂大部分是水平3和水平4的高认知水平的学习任务,特别是美国的学习任务,均是水平3和水平4。在认知水平的变化上,两国课堂的学习任务认知水平变化总体相当,大部分在实施过程中是认知水平降低的。

3. 中美两国课堂中练习任务的异同

中美两国课堂中的练习任务既有着相同之处,又有着不同之处。从练习任务占总任务量的百分比上看,中国课堂的练习任务占绝对优势,接近总任务量的一

半,美国课堂的练习任务占总任务量的百分比约是中国课堂的 $\frac{1}{3}$。从练习任务的认知水平上看,中国课堂的练习任务绝大多数是低认知水平的数学任务,但美国课堂约三分之二的练习任务是高认知水平的数学任务。从练习任务认知水平的变化上,最大的特点是中国课堂练习任务认知水平降低的主要因素是数学任务在课堂中出现的位置(D1),此因素对美国课堂练习任务认知水平降低的影响比中国课堂小,美国课堂练习任务认知水平降低还有一个重要因素:课堂管理方面的问题(D10)。

第二节　思考与启示

一、课堂中的数学任务的选择

1. 课堂教学对简单问题的投入

本书的结论显示,中国课堂中练习任务约占总任务量的 46.5%,而且练习任务的认知水平大部分是以水平 2 为主,仅有一个练习任务是水平 4。在练习任务实施的过程中大部分是认知水平降低;练习任务的认知水平降低的主要因素为数学任务在课堂中出现的位置(D1),可以看出,水平 2 的练习任务在数量上多,而且重复性过高。

中国义务教育阶段的数学课程标准规定,义务教育阶段的数学学习要让学生能获得适应社会生活和进一步发展所必需的数学的基本知识、基本技能、基本思想、基本活动经验。纵然对于数学基础知识和基本技能的掌握离不开练习,但练习的度是什么?课堂中对练习任务的投入应该如何?

蔡金法在《中美学生数学学习的系列实证研究——他山之石,何以攻玉》[16]一书中,对中国学生在四类问题上的得分分析发现,中国学生在计算题以及简单问题解决上与美国学生相比占有绝对优势,但在一些过程开放的复杂问题解决上与美国学生相比并没有优势。蔡金法从中美学生解决数学问题的对比研究中得到的结论,和本书从课堂中数学任务的对比研究中得到的结论不谋而合。蔡金法将课堂中对于各类知识的投入比喻成楼宇的建造,建造楼宇的花费比喻成教师的教学时间与精力和学生的学习时间与精力,地基牢固固然重要,但如果地基异常牢固而花费太多,那么会造成有限资源的浪费。蔡金法的研究提问:是否中国的数学教育

在"双基"上投入太多了？是否可以相对减少一些"双基"的练习，而增加一些开放性问题等非常规问题？本书的研究结论也支持上面的疑问。

2. 课堂教学中的情境

纵观数学教育方面的研究，有情境化教学、教学情境化、情境导入、情境化问题等一系列关于"情境"的描述和研究。本书也对课堂中数学任务的情境化进行了研究分析，中国的课堂中带有"实际生活"的数学任务所占的比例很少，"数学应用于生活"类的数学任务更是少之又少，但通过对这类数学任务的分析发现，大部分的这类任务在课堂中充当着"引入"的角色：一种是对整个课堂的引入，另一种是对重要知识点的引入。与美国课堂相比，这个比例可以忽略。美国课堂的"数学应用于生活"的任务真正地在课堂中起到了解决实际生活中的问题的作用，如解决"交税""舞会募捐"等问题，从这些实际的问题中去情境化，然后将问题数学化，此处理方式正如弗赖登塔尔的数学思想一样。从数量和使用的情况上看，中美课堂的差异很大。

课堂教学的情境化也是中国的课程标准所倡导的基本理念：课程内容的选择要贴近学生的实际，让学生从现实生活或者具体的情境中抽象出数学问题。国内学者的研究也发现，在现实教学中，教学情境的形式和教学内容的关系割裂，存在着大量过于重视教学情境形式而忽视教学内容的现象，正如"只是在课堂内容上裹上一层糖衣"[129]。

教学情境中的环境是人为优化了的环境，环境来源于贴近学生的现实生活，可以提高学生参与的兴趣，促进学生主动参与到数学学习之中[130]。情境教学不是为了创设情境而创设情境，而是站在人的活动和环境的和谐统一的哲学高度来审视情境、创设情境，情境的设计要立足于学生的活动需要[131]。这对教学中的创设情境提出了要求。

学生的核心素养是在特定情境中表现出来的知识、能力和态度，那么只有通过合适的情境才有利于学生去感悟、理解、形成和发展核心素养。所以，合适的情境和问题的设计尤为重要，通过这些情境和问题，帮助和引导学生用数学的眼光观察、发现问题，并学会用数学的思维去分析和解决问题，使学生真正进行数学学习，经历数学化的过程，形成和发展数学核心素养[3]。

课堂教学中的情境要来源于学生的实际生活，并对实际的生活进行优化，但如何将环境和教学内容融合起来，让学生真正体会从现实问题抽象成数学知识再到运用数学知识解决新的现实问题，是一个非常值得探讨的问题。

二、课堂中的数学任务的实施

1. 长时间思考和自发现过程

从任务实施过程中的任务探索环节的研究发现,中国课堂给学生自己探索的时间一般很短,平均只有 13.1% 的时间让学生自己思考解决问题,这里面还包含教师留给学生的课堂练习时间。甚至有的教师引出任务后立刻提问学生,其他学生并不能全神贯注听取学生的回答,而是要一边自己思考一边听取其他学生的回答。

上海学生参与 2012 国际 PISA 测试结果表明,上海学生的整体数学表现已经达到了顶级的水平,但有研究者从数学教学的角度看,课堂中较多关注练习纠错,缺少长时间思考和自发现的过程[132]。

美国国家研究委员会报告《人是如何学习的:大脑、心理、经验、学校》[128]列举了现在流行的对学习的科学理解及它对教学的意义,指出有利于学习和教学的一种环境是以学习者为中心。课程理念及教育领域改革均需要教学从教向学的转变,将学习的主动权、学习的空间和学习的快乐还给学生[133]。

党的十八大报告指出,教育的根本任务是立德树人,教育部对如何落实培养人才也给出了建设性的建议,比如要研究制定中国学生发展的核心素养体系。核心素养研究课题组在 2016 年发表了"中国学生发展核心素养"[1],给出了核心素养的总体框架和基本内涵,在文化基础部分,指出学生要有理性思维,能运用科学的思维方式认识事物、解决问题,应该具有批判质疑、勇于探索的精神,能独立思考、独立判断。在实际课堂教学中,若能给学生留出足够的时间和空间,便能给学生提供独立思考、独立判断的机会,让学生去学会学习,学会探索问题,发展探索世界的能力,更有利于培养和发展学生的核心素养。在中国学生发展核心素养的自主发展部分,要学生学会学习,能自主学习,而且要勤于反思,善于总结经验。只有让学生能自主发展,经历过真正的数学学习过程,感受过真正的数学化过程,才能培养学生的自主学习能力,养成终身学习的意识和习惯。

课堂教学中给学生留出足够的时间和空间,减少对学生的约束,让学生在自己探索的基础之上,独立思考、独立判断后,带着自己的理解和问题,再与同伴或者教师交流,反思和总结经验,或许学生受益更大。

2. 小组合作交流探究

合作交流、自主探究是学习方式的改变,很多的课堂以及研究都在进行着这样的实验和研究[19]。大家知道小组合作的模式带来的好处,如能提高学生的学习成

绩、培养学生的合作精神、让学生学会如何与他人相处等。但学生坐在一起就是小组合作吗？同伴间相互背诵刚学过的概念、定理等就是合作交流吗？

本书的研究结论发现美国教师在课堂中经常使用小组合作,中国的课堂中在任务探索环节也运用了小组合作,但在小组合作时,同伴间没有分配好彼此的任务,仅是坐在一起思考;也有的小组合作了,但交流的质量比较差;更有在小组合作交流时,不能保证交流的效率,班额超大,分组过多,教师只有一个,当两个小组或者更多小组有问题时,教师只能回答一个小组的问题,另一个或者更多的小组只能等待……这些问题的出现在拷问着中国的小组合作模式。

小组合作学习的含义是指"学习者组成一个团队,为解决一个问题、完成一项任务或者达到一项共同的目标而团结起来的一种学习形式"。中国课堂有学生过多、班额很大、学生差异显著等因素,如何结合学生特点以及教学内容将这样协作团结的精神运用到课堂中,是一个很棘手的问题。CN14 给了一个非常好的示范,教师将任务介绍给学生后,先让学生自己思考,当大部分学生完成了自己能完成的部分后,再让学生之间小组合作交流彼此的问题,小组解决不了的问题,小组和小组之间再相互交流,最后全班讨论总结出现的问题。

小组合作中教师和学生必须很好地协调才能共同完成一项任务,但小组活动结果的评价机制也很重要,小组成员在考虑奖励时不仅是考虑自己,更多的是关注小组其他学生的表现,这样更能发扬合作共享的精神。中国的样本中有 5 位教师在鼓励学生参与到教学活动中时,运用一种"小组总分"的课堂管理策略,学生为了不拖小组的后腿,会尽力参与到活动中,努力得到分数,这样的课堂气氛非常活跃。

3. 师生共同探索降低了任务的认知水平

中国课堂中的任务实施过程中还有一个有趣的问题:教师喜欢提问学生解决任务的思路,或者领导学生分析问题,顾名思义,从待解决的问题出发,寻找需要的条件,如果缺少条件,又该怎么寻找等。这种情形的任务探索形式在本书研究中定义为"师生共同"探索,在任务的认知水平变化阶段,此情况被定义为教师将任务的解决办法程序化(D8)。从研究的结果来看,中国课堂中学习任务认知水平降低的主要因素为教师"接管"学生的思考和推理(D3)与教师将任务的解决办法程序化(D8)。

所以,在课堂教学中,教师需要考虑如何在任务探索的过程中,在不提供答案的情况下帮助学生。如果学生遇到挫折,教师该问什么样的问题帮助学生思考。这些都是需要在实际的教学情境中解决的问题。但到底怎样的方法最能帮助学生,可能还与学生本身有很大的关系。

4.总结强调关键点环节是否有必要

在对中国课堂编码分析时,课堂中出现这样的情况:在总结强调关键点环节,学生均已解决完任务后,教师自己强调此任务中的知识点或者教师强化例题的步骤、书写规范等。这一阶段的存在一定程度上和中国的学生学业评价体系有很大关系,教师注重如何在有限的时间内取得更高的分数。这无疑给学生学习数学制定了条条框框。

在新课程的理念中,要允许学生有不同的意见,鼓励学生质疑、想象,发表不同的见解,更要解放学生,减少对学生的约束,最大限度为学生创造自由思想、自由选择的空间[133]。现在提倡培养学生的核心素养,更需要在课堂教学中和日常的学校学习中,给学生自由发展的机会,根据自身的学习情况选择适合自己的学习方法,也要根据不同的情景和自身的实际问题,选择和调整自己的学习策略。

第三节　研究的不足

1.样本量及代表性

本书研究中,仅选取了中美两个国家的各 15 节课堂进行分析。课堂教学的特征随着教师的不同而有很大的差异,所以并不能完全代表一个国家的状况,其广泛适用性受到一定限制。

2.课堂教学的比较框架

课堂教学是一个复杂的体系,可以将它比喻成一个三维"立体物",三维"立体物"可以从不同的切面观察其不同的特点,各个切面之间亦有交叉,这里的关系错综复杂。对课堂教学的研究,从各个视角去分析课堂教学便有不同的结果,各个不同视角得到的结论可能有联结。课堂教学的研究要想覆盖课堂教学的各个方面是不可能完成的事情。本书研究的视角仅以数学任务在课堂中实施的过程为主线,比较课堂教学中数学任务的文本特征、基于任务实施的课堂结构、任务实施中认知水平的变化及任务实施中师生对课堂交流的责任等。

第四节　研究展望

1.中美课堂数学任务的大样本比较

本书研究中,仅选取了中美两个国家具有代表性的各 15 节课堂进行分析,并

不能完全代表一个国家的状况。今后的研究可以对中美两国的大样本数据从"大尺度"测量的角度对比中美数学课堂的特征。

2. 中美课堂数学任务差异因素比较

课堂教学是一种文化活动,但由于数学内容与文化无关,因此数学课堂教学的研究对彼此各国有一定的借鉴意义。但产生差异的因素有很多,如何找到这些产生差异的因素,这些因素又是怎样使课堂教学产生差异的,都可以作为今后的研究方向。

参考文献

［1］ 核心素养研究课题组.中国学生发展核心素养[J].中国教育学刊,2016(10)：1-1.

［2］ 孔凡哲,史宁中.中国学生发展的数学核心素养概念界定及养成途径[J].教育科学研究,2017(6)：5-11.

［3］ 史宁中,林玉慈,陶剑,郭民.关于高中数学教育中的数学核心素养——史宁中教授访谈之七[J].课程·教材·教法,2017(4)：8-14.

［4］ 裴娣娜.教育创新与学校课堂教学改革论纲[J].中国教育学刊,2012(2)：1-4.

［5］ 叶澜.让课堂焕发出生命活力——论中小学教学改革的深化[J].教育研究,1997(5)：3-8.

［6］ 裴娣娜.论我国课堂教学质量评价观的重要转换[J].教育研究,2008(1)：17-22.

［7］ 曹一鸣.数学课堂教学实证系列研究[M].南宁：广西教育出版社,2009.

［8］ 黄荣金,李业平.数学课堂教学研究[M].上海：上海教育出版社,2010.

［9］ 范钦珊,鞠平,伍贻兆.把课堂教学放在抓质量的突出位置[J].中国高等教育,2003,21：26-28.

［10］ 曹一鸣.数学教育研究与发展趋势——第12届国际数学教育大会的启示[J].数学通报,2012,51(11)：25-27.

［11］ 教育部基础教育课程教材专家工作委员会.义务教育数学课程标准(2011年版)解读[M].北京：北京师范大学出版社,2012.

［12］ Anthony G, Walshaw M. Effective Pedagogy in Mathematics：Educational practices series-19[R]. International Academy of Education, International Bureau of Education & UNESCO, 2009.

［13］ 顾泠沅.中国学生为什么数学那么好[N].中国教育报,2013-12-04.

[14] Ma L. Knowing and teaching elementary mathematics：Teachers' understanding of fundamental mathematics in China and the United States [M]. Mahwah，NJ：Lawrence Erlbaum Associates，1999.

[15] An S，Kulm G，Wu Z. The pedagogical content knowledge of middle school，mathematics teachers in China and the US [J]. Journal of Mathematics Teacher Education，2004，7(2)：145－172.

[16] 蔡金法. 中美学生数学学习的系列实证研究——他山之石，何以攻玉[M]. 北京：教育科学出版社，2007.

[17] 朱龙，胡典顺，汪钰雯. 中美数学基础教育的比较及启示[J].数学教育学报，2013，22(6)：53－57.

[18] 王新民，吴立宝. 课改十年小学数学课堂教学变化的研究[J].中国电化教育，2012(8)：111－114.

[19] 邵珍红. 自主探究、合作交流在课堂中的实际应用[J].数学通报，2011，50(2)：30－33.

[20] Franke M L，Kazemi E，Battey D. Mathematics teaching and classroom practice[J]. Second handbook of research on mathematics teaching and learning，2007，1：225－256.

[21] 郑子青. 由诺贝尔奖带来的思考[J].群言，2013(8)：40－41.

[22] Stigler J W，Gonzales P，Kawanaka T，Knoll S，& Serrano A. The TIMSS videotape classroom study：Methods and findings from an exploratory research project on eighth-grade mathematics instruction in Germany，Japan and the United States[R]. Washington，DC：US Dept of Education，Office of Educational Research and Improvement，1999.

[23] Stigler J W，Hiebert J. Understanding and improving classroom mathematics instruction：An overview of the TIMSS video study[J]. Phi Delta Kappan，1997，79：14－21.

[24] Stigler J W，Hiebert J. The teaching gap：Best ideas from the world's teachers for improving education in the classroom[M]. New York：The Free Press，1999.

[25] 曹一鸣. 中国数学课堂教学模式及其发展研究[M]. 北京：北京师范大学出版社，2007.

[26] 邵珍红，曹一鸣. 数学教学知识测试工具简介及其相关应用[J].数学教育学

报,2014,23(2):44-48.

[27] 范良火.教师教学知识发展研究[M].上海:华东师范大学出版社,2003.

[28] 中华人民共和国教育部.义务教育数学课程标准(2011年版)[S].北京:北京师范大学出版社,2011.

[29] Doyle W. Academic work[J]. Review of educational research,1983,53(2):159-199.

[30] Stein M K,Grover B W,Henningsen M. Building student capacity for mathematical thinking and reasoning: An analysis of mathematical tasks used in reform classrooms[J]. American educational research journal,1996,33(2):455-488.

[31] Stein M K,Smith M S,Henningsen M A,Silver E A. Implementing standards-based mathematics instruction: A casebook for professional development[M]. New York:Teachers College Press,2000:462-520.

[32] 黄兴丰,程龙海,李士锜.从认知要求角度分析数学教学任务——对两节课堂实录的对比研究[J].上海教育科研,2005(5):86-88.

[33] 袁志玲,陆书环.高认知水平数学教学任务的特征分析[J].数学教育学报,2006,15(4):24-28.

[34] 袁志玲,陆书环.高认知水平数学教学任务的教学意义及启示[J].数学教育学报,2008,17(6):37-40.

[35] 顾明远.教育大辞典[M].上海:上海教育出版社,1999.

[36] 金志远.教学任务从"知识技能"转向"文化"范式辨析[J].中国教育学刊,2010(12):33-35.

[37] 安德森.布卢姆教育目标分类学修订版(完整版)——分类学视野下的学与教及其测评[M].北京:外语教学与研究出版社,2009.

[38] Boston M. Assessing instructional quality in mathematics[J]. The Elementary School Journal,2012,113(1):76-104.

[39] Boston,Wolf M,Kim M. Assessing academic rigor in mathematics instruction:The development of the instructional quality assessment toolkit:CSE Technical Report 672[R]. Los Angeles,2006.

[40] 顾泠沅.教学任务与案例分析[J].上海教育科研,2001(3):2-7.

[41] 顾泠沅.教学任务的变革[J].教育发展研究,2001(10):5-12.

[42] 高文君,鲍建生.中美教材习题的数学认知水平比较——以二次方程及函数

为例 [J].数学教育学报,2009,18(4): 57 - 61.

[43] 朱海祥. 高认知水平的数学课堂教学任务的情境创设[J].新课程研究:高等教育,2012(3): 43 - 45.

[44] Doyle W. Work in mathematics classes: The context of students' thinking during instruction[J]. Educational Psychologist, 1988, 23(2): 167 - 180.

[45] Hiebert J, Wearne D. Instructional tasks, classroom discourse, and students' learning in second-grade arithmetic [J]. American educational research journal, 1993, 30(2): 393 - 425.

[46] Henningsen M, Stein M K. Mathematical tasks and student cognition: Classroom-based factors that support and inhibit high-level mathematical thinking and reasoning[J]. Journal for Research in Mathematics Education, 1997, 28(5): 524 - 549.

[47] Shimizu Y, Kaur B, Huang R, Clarke D. Mathematical tasks in classrooms around the world[M]. Rotterdam, The Netherlands: Sense Publishers, 2010.

[48] National Council of Teachers of Mathematics. Professional standards for teaching mathematics[M]. Author: Reston, VA, 1991.

[49] Smith M S, Stein M K. REFLECTIONS on Practice: Selecting and Creating Mathematical Tasks: From Research to Practice[J]. Mathematics teaching in the middle school, 1998, 3(5): 344 - 350.

[50] Stein M K, Smith M S. Mathematical Tasks as a Framework for Reflection: From Research to Practice[J]. Mathematics teaching in the middle school, 1998, 3(4): 268 - 275.

[51] Bennett N, Desforges C. Matching Classroom Tasks to Students' Attainments[J]. Elementary School Journal, 1988, 88(3): 221 - 234.

[52] Clarke D, Emanuelsson J, Jablonka E, Mok I A C. Making connections: Comparing mathematics classrooms around the world[M]. Rotterdam, The Netherlands: Sense Publishers, 2006.

[53] Koh K, Lee A. Technical report: Manual for scoring teacher assignments or assessment tasks[R]. Singapore: National Institute of Education, Centre for Research in Pedagogy and Practice, 2004.

[54] Kaur B. A study of mathematical tasks from three classrooms in Singapore.

[M]// Shimizu Y，Kaur B，Huang R，et al. Mathematical tasks in classrooms around the world. Rotterdam，The Netherlands：Sense Publishers，2010：15 - 33.

[55] Jackson K J，Shahan E C，Gibbons L K，Cobb P A. Launching complex tasks[J]. Mathematics Teaching in the Middle School，2012，18（1）：24 - 29.

[56] Jackson K，Garrison A，Wilson J，Gibbons L，Shahan E. Exploring Relationships Between Setting Up Complex Tasks and Opportunities to Learn in Concluding Whole-Class Discussions in Middle-Grades Mathematics Instruction[J]. Journal for Research in Mathematics Education，2013，44(4)：646 - 682.

[57] Stylianides A J，Stylianides G J. Studying the classroom implementation of tasks：High-level mathematical tasks embedded in 'real-life' contexts[J]. Teaching and Teacher Education，2008，24(4)：859 - 875.

[58] 杨玉东.在学习目标导向下改进教学任务设计——以人教版小学数学五年级下册"统计"第一课时为例[J].课程·教材·教法,2012(7)：98 - 102.

[59] 袁思情.基于"数学教学任务"的课堂实录研究[J].中学数学月刊,2011(2)：13 - 14.

[60] 俞昕.高中数学教学"呼唤"高认知水平数学教学任务[J].数学教学研究,2012,31(2)：13 - 16.

[61] 宋颖.新课程高认知水平教学任务的教育价值[J].新课程学习（学术教育）,2010,7：263.

[62] 廖爽,王玉蕾,曹一鸣.数学课堂中师生对话研究——基于 LPS 项目课堂录像资料[C]// 全国高等师范院校数学教育研究会.2008 年学术年会论文集,2008.

[63] Hiebert J. Teaching mathematics in seven countries：Results from the TIMSS 1999 video study[M]. Washington，DC：DIANE Publishing，2003：10 - 30.

[64] 梁贯成.北京、香港和伦敦三地初中数学课堂教学之比较[J].学科教育,1999,1.

[65] Leung F K S. Some Characteristics of East Asian Mathematics Classrooms Based on Data from the TIMSS 1999 Video Study[J]. Educational Studies in

Mathematics，2005，60（2）：199－215.

[66] 梁贯成.第三届国际数学及科学研究结果对华人地区数学课程改革的启示[J].数学教育学报，2005，14（1）：7－11.

[67] Clarke D，Keitel C，Shimizu Y. Mathematics classrooms in twelve countries：The insider's perspective[M]. Rotterdam，The Netherlands：Sense publishers，2006.

[68] O'Keefe C，Xu LH，Clarke D. Kikan-shido：Between desks instruction[M]//Clarke D. Making connections：Comparing mathematics classrooms around the world. Rotterdam，The Netherlands：Sense Publishers，2006：73－106.

[69] Shimizu Y. How do you conclude today's lesson?：The form and functions of "Matome" in mathematics lessons[M]// Clarke D. Making connections：Comparing mathematics classrooms around the world. Rotterdam，The Netherlands：Sense Publishers，2006：127－145.

[70] Jablonka E. Student（s）at the front：Forms and functions in six classrooms from Germany，Hong Kong and the United States[M]// Clarke D. Making connections：Comparing mathematics classrooms around the world. Rotterdam，The Netherlands：Sense Publishers，2006：107－126.

[71] Begehr A. Students' verbal actions in German mathematics classes[M]// Clarke D，Keitel C，Shimizu Y. Mathematics classrooms in twelve countries：The insider's perspective. Rotterdam，The Netherlands：Sense Publishers，2006：167－182.

[72] Kaur B，Anthony G，Ohtani M，Clarke D. Student voice in mathematics classrooms around the world[M]. Rotterdam，The Netherlands：Sense Publishers，2013.

[73] Cao Y，Guo K，Ding L. Students at the Front[M]// Kaur B，Anthony G，Ohtani M，et al.Student voice in mathematics classrooms around the world. Rotterdam，The Netherlands：Sense Publishers，2013：53－64.

[74] Lopez-Real F，Mok I A C，Leung F K S. Identifying a Pattern of Teaching：An Analysis of a Shanghai Teacher's Lessons[M]// Fan L.How Chinese Learn Mathematics：Perspectives from Insiders，2004：382－412.

[75] Mok I A C，Clarke D，Keitel C，Shimizu Y. Teacher—Dominating Lessons

in Shanghai：The Insiders' Story. ［M］// Clarke D，Keitel C，Shimizu Y. Mathematics classrooms in twelve countries：The Insider's perspective. Rotterdam，The Netherlands：Sense Publishers，2006：87－97.

［76］ Mok I，Lopez-Real F. A tale of two cities：A comparison of six teachers in Hong Kong and Shanghai ［M］// Clarke D，Keitel C，Shimizu Y. Mathematics classrooms in twelve countries：The insiders' perspective. Rotterdam，The Netherlands：Sense Publishers，2006：237－246.

［77］ 黄荣金,汪甄南.沪港澳中学数学课堂教学之比较[J].数学教育学报,2007, 16(2)：77－81.

［78］ Mok I. Comparison of learning task lesson events between Australian and Shanghai lessons［M］// Shimizu Y，Kaur B，Huang R，et al. Mathematical tasks in classrooms around the world. Rotterdam，The Netherlands：Sense Publishers，2010：119－144.

［79］ Stevenson H W，Lee S. The East Asian version of whole-class teaching[J]. Educational Policy，1995，9(2)：152－168.

［80］ 黄荣金. 华人数学课堂之透视[J].数学教育学报,2006,15(2)：67－80.

［81］ 黄荣金,梁贯成,范良火,黄毅英,蔡金法. 中国学习者悖论的质疑：透视香港和上海数学课堂[M]//范良火.华人如何学习数学（中文版）.南京：江苏教育出版社,2005：274－297.

［82］ 曹一鸣. 国际视野下的中国中学数学课堂微观分析[M].北京：北京师范大学出版社,2011.

［83］ 曹一鸣,贺晨.初中数学课堂师生互动行为主体类型研究——基于 LPS 项目课堂录像资料[J].数学教育学报,2009,18(5)：38－41.

［84］ 曹一鸣,王玉蕾,王立东. 中学数学课堂师生话语权的量化研究——基于 LPS 项目课堂录像资料[J].数学教育学报,2008,17(3)：1－3.

［85］ 曹一鸣,许莉花.数学与现实生活联系的度是什么——基于中国 4 位数学教师与 TIMSS1999 录像研究的比较[J].中国教育学刊,2007,6.

［86］ 曹一鸣,李俊扬,大卫·克拉克. 数学课堂中启发式教学行为分析——基于两位数学教师的课堂教学录像研究[J].中国电化教育,2011(10)：100－102.

［87］ 叶立军,周芳丽. 基于录像分析背景下的教师提问方式研究[J].教育理论与实践：中小学教育教学版,2012(2)：52－54.

［88］ 叶立军,李燕.基于录像分析背景下的初中统计课堂教学提问研究[J].数学

教育学报,2011,20(5):52-53.

[89] 叶立军,斯海霞.基于录像分析背景下的代数课堂教学语言研究——以两堂《分式的乘除》课堂实录为例[J].数学教育学报,2011,20(1):42-44.

[90] Cai J. Mathematical thinking involved in U.S. and Chinese students' solving of process-constrained and process-open problems [J]. Mathematical Thinking and Learning, 2000, 2(4): 309-340.

[91] Cai J, Hwang S. Generalized and generative thinking in US and Chinese students' mathematical problem solving and problem posing[J]. The Journal of Mathematical Behavior, 2002, 21(4): 401-421.

[92] Stevenson H W, Lee S-Y, Chen C, Lummis M, Stigler J, Fan L, et al. Mathematics achievement of children in China and the United States[J]. Child Development, 1990, 61(4): 1053-1066.

[93] Stevenson H W, Chen C, Lee S-Y. Mathematics achievement of Chinese, Japanese, and American children: Ten years later[J]. Science, 1993, 259(5091): 53-58.

[94] Stevenson H W, Lee S-Y, Stigler J W. Mathematics achievement of Chinese, Japanese, and American children[J]. Science, 1986, 231(4739): 693-699.

[95] Cai J. Why do U.S. and Chinese students think differently in mathematical problem solving? [J]. The Journal of Mathematical Behavior, 2004, 23(2): 135-167.

[96] Cai J. U.S. and Chinese teachers' constructing, knowing, and evaluating representations to teach mathematics [J]. Mathematical Thinking and Learning, 2005, 7(2): 135-169.

[97] Cai J, Wang T. U.S. and Chinese teachers' conceptions and constructions of representations: A case of teaching ratio concept[J]. International Journal of Science and Mathematics Education, 2006, 4(1): 145-186.

[98] Cai J. What is effective mathematics teaching? A study of teachers from Australia, Mainland China, Hong Kong SAR, and the United States [J]. Special Issue of ZDM—The International Journal of Mathematics Education, 2007, 39(4): 311-318.

[99] Cai J, Wang T. Conceptions of effective mathematics teaching within a

cultural context：Perspectives of teachers from China and the United States [J]. Journal of Mathematics Teacher Education，2010，13(3)：265－287.

［100］ Cai J，Kaiser G，Perry G，Wong N-Y. Effective Mathematics Teaching from Teachers' Perspectives［M］. Rotterdam，The Netherlands：Sense Publisher，2009.

［101］ 郭杉,胡金蝉. 中美课堂教学比较研究［J］.中国成人教育,2009(15)：115－116.

［102］ 瞿睿.浅谈中美课堂教学差异［J］.新课程：教师,2012(12)：109－109.

［103］ Cobb P，Jackson K. Towards an empirically grounded theory of action for improving the quality of mathematics teaching at scale［J］. Mathematics Teacher Education and Development，2011，13(1)：6－33.

［104］ Junker B W，Weisberg Y，Matsumura L C，Crosson A，Wolf M K，Levison A，et al. Overview of the instructional quality assessment［EB/OL］. Regents of the University of California，2005［2016－11－12］. https：//www. researchgate. net/publication/240818961 ＿ Overview ＿ of ＿ the ＿ Instructional_Quality_Assessment.

［105］ 威廉·维尔斯马,斯蒂芬·G·于尔斯. 教育研究方法导论：第9版［M］. 袁振国,译. 北京：教育科学出版社,2010.

［106］ 袁振国. 教育研究方法［M］. 北京：高等教育出版社,2000.

［107］ 王光明. 数学教育研究方法与论文写作［M］. 北京：北京师范大学出版社,2010.

［108］ 宋书文,孙汝亭,任平安. 心理学词典［M］.南宁：广西人民出版社,1984.

［109］ Nespor J. The role of beliefs in the practice of teaching［J］. Journal of curriculum studies，1987，19(4)：317－328.

［110］ Richardson. The role of attitudes and beliefs in learning to teach［M］// Sikula J. The Handbook of research on teacher education. Virginia：Routledge，1996：102－119.

［111］ Fang Z. A review of research on teacher beliefs and practices ［J］. Educational research，1996，38(1)：47－65.

［112］ Ernest P. The impact of beliefs on the teaching of mathematics［M］// Ernest P. Mathematics teaching：The state of the art. London：Falmer Press，1989：249－254.

[113] Phillip R. Maths Teachers' belief and Effect[M]// K Lester，Jr F. Second handbook of research on mathematics teaching and learning. Charlotte，NC：Information Age Pub Inc，2007：257 - 315.

[114] Thompson A G. Teachers' beliefs and conceptions：A synthesis of the research[M]//Grouws D A. Handbook of Research on Mathematics Teaching and Learning. New York：Macmillan Pub Inc，1992：127 - 146.

[115] Lampert M，Beasley H，Ghousseini H，Kazemi E，Franke M. Using designed instructional activities to enable novices to manage ambitious mathematics teaching[M]// Stein M K. Instructional explanations in the disciplines. New York：Springer，2010：129 - 141.

[116] Lampert M，Graziani F. Instructional activities as a tool for teachers' and teacher educators' learning[J]. The Elementary School Journal，2009，109 (5)：491 - 509.

[117] Jackson K，Garrison A，Wilson J，Gibbons L，Shahan E. Investigating how setting up cognitively demanding tasks is related to opportunities to learn in middle-grades mathematics classrooms[C]. National Council of Teachers of Mathematics Research Precession，Indianapolis，2011.

[118] 吕传汉,汪秉彝. 论中小学"数学情境与提出问题"的数学学习[J].数学教育学报,2001,10(4)：9 - 14.

[119] 吕传汉,汪秉彝. 论中小学"数学情境与提出问题"的教学[J].数学教育学报,2006,15(2)：74 - 79.

[120] 吕传汉,汪秉彝. 再论中小学"数学情境与提出问题"的数学学习[J].数学教育学报,2002,11(4)：72 - 76.

[121] National Council of Teachers of Mathematics. Principles and standards for school mathematics [EB/OL]. https：//www. nctm. org/Standards-and-Positions/Principles-and-Standards/.

[122] 曹一鸣. 数学教学中的"生活化"与"数学化"[J].中国教育学刊,2006(2)：46 - 49.

[123] 吴立宝,曹一鸣. 初中数学课程内容分布的国际比较研究[J].教育学报,2013(2)：29 - 36.

[124] 张奠宙,于波. 数学教育的"中国道路"[M]. 上海：上海教育出版社,2013.

[125] 涂荣豹,宋晓平. 中国数学教学的若干特点[J].课程 · 教材 · 教法,2006

(2)：41－46.

[126] Freudenthal H. Mathematics as an educational task [M]. Dordrecht：springer，1973.

[127] Lampert M. Teaching problems and the problems of teaching [M]. New Haven, CT：Yale University Press，2001.

[128] Bransford J, Brown A L, Cocking R R, Donovan M S, Pellegrino J. How people learn：Brain, mind, experience, and school [M]. Washington：National Academy Press，2000.

[129] 张广斌. 教学情境研究：反思与评价[J].当代教育科学,2011(20)：21－24.

[130] 徐兆洋,李森. 论中小学数学课程中的情境及其作用[J].课程·教材·教法,2010(2)：62－66.

[131] 田慧生. 情境教学—情境教育的时代特征与意义[J].课程·教材·教法,1999(7)：18－21.

[132] 顾泠沅. 教学少了点长思考和自发现过程[N]. 文汇报,2013－12－04.

[133] 田慧生. 新课改背景下的课堂教学重建[J].教育科学研究,2005(7)：5－9.

后 记

　　本书是在我的博士学位论文的基础之上修改充实而成的。修改书稿时，不仅想起自己的博士生活，从最初的开学典礼，到博士论文答辩，再到现在的书稿即将完成之时，虽然有几多艰辛，但期间的收获自己心里最清楚。掩卷沉思，感触很多，此时此刻，在我心中有千言万语，但恨自己语言匮乏，仅以"感谢"致辞来表达。

　　首先要感谢我的博士生导师曹一鸣教授。恩师为人谦和、宽容高尚；知识渊博、学术意识敏锐、治学态度严谨、视野开阔。感谢恩师三年中对我的栽培，如同扶持蹒跚学步的孩童一般一步步将我领入数学教育的大门，又耐心在学术问题上给予指导，指明方向，促我思考，使我进步。对于恩师，还有另一个词来形容："敬仰"，敬仰您的学识与人格魅力，不仅从学术上给予启迪与教诲，而且在人生的方向上给予指引。学位论文从选题、结构安排及其写作，导师都给了精心的指导，书稿凝结着导师的心血和睿智，学生谨向导师致以真诚的谢意！

　　感谢我的硕士导师保继光教授，从 2003 年至今，保老师与他的爱人李老师始终关心着我的学习与生活，特别鼓励我追求自己的理想，至今记忆犹新。感谢数学科学学院其他教授和工作人员对于我在读期间的支持与鼓励。感谢同门师兄弟姐妹以及同学给予的鼓励和帮助。

　　博士毕业到北京景山学校工作，承担初中数学教学和景山版初中数学教材的编写工作。特别要感谢北京景山学校的领导和同事，范禄燕校长、陈茹珊书记、邱悦校长、郝丽萍校长、吴鹏校长、李颖主任等领导，在工作上给予了一个非常宽松的教育研究的环境，能让我带着理想和抱负，用自己的数学教育教学的理论和实践知识走进课堂。还有欧丽组长等数学组的同事，在平时的教学中给我提出了很多中肯的建议，平时激烈的讨论交流碰撞出很多火花，使我在实践和理论上都有很大的进步。北京景山学校的初中数学教材编写组也提供了一个很好的平台，编写组成员相互讨论交流，将教学融入教材，又将教材的精华融入教学，在这个过程中，我收获颇丰。

感谢我的家人给予我特别的爱与支持，特别是我的丈夫，他对家庭和孩子的无私付出，是在行动上对我学业最大的支持。感谢我年迈的父母，一直鼓励我追求自己的理想和抱负，在我前进的道路上给了我极大的支持。感谢在他们白发苍苍之际，怡享天年之时帮助我照顾家庭和孩子，让我的学习、工作无后顾之忧。

感谢上海教育出版社对丛书的策划和编辑，才能让学位论文以书的形式问世。

由于才学所限，本书中还存在疏漏和遗憾，这是我对寄厚望于我的师友和亲人们的愧疚，愿这份愧疚能在以后的工作和研究中，以加倍的努力补偿。

虽已离开师大，但谨记"学为人师，行为世范"的校训，继续前行！

邵珍红

图书在版编目（CIP）数据

中美高质量课堂中数学任务的比较研究 / 邵珍红著.
— 上海:上海教育出版社, 2020.9
（中小学数学课程国际比较研究丛书 / 曹一鸣主编）
ISBN 978-7-5444-9274-4

Ⅰ.①中… Ⅱ.①邵… Ⅲ.①初中 – 中学数学课 – 课
堂教学 – 对比研究 – 中国、美国 Ⅳ.①G633.602

中国版本图书馆CIP数据核字(2020)第173813号

策　　划　刘祖希
责任编辑　周明旭
封面设计　王　捷

中小学数学课程国际比较研究丛书
中美高质量课堂中数学任务的比较研究
曹一鸣　丛书主编
邵珍红　著

出版发行　上海教育出版社有限公司
官　　网　www.seph.com.cn
地　　址　上海市永福路123号
邮　　编　200031
印　　刷　上海中华印刷有限公司
开　　本　700×1000　1/16　印张11.25　插页3
字　　数　200千字
版　　次　2020年9月第1版
印　　次　2020年9月第1次印刷
书　　号　ISBN 978-7-5444-9274-4/G·7643
定　　价　39.00 元

如发现质量问题，读者可向本社调换　电话:021-64377165